AF389596

BULLETIN OFFICIEL

DU

MINISTÈRE DE LA GUERRE.

1894.   PARTIE SUPPLÉMENTAIRE.   N° 24.

(Ce numéro a une pagination spéciale.)

SOMMAIRE.

N° 145. Le Ministre de la guerre à MM. les Gouverneurs militaires
de Paris et de Lyon; les Généraux commandant les corps d'ar-
mée; le Général commandant la brigade d'occupation de Tunisie;
les Directeurs du service de l'intendance; le Sous-Intendant
militaire chargé de la direction du dépôt des modèles. (*D. Serv.
adm.; Habillement, Campement, Lits militaires et Invalides.*)

Paris, le 28 avril 1894.

(*Passage, au 1ᵉʳ janvier 1894, dans les comptes du service de
l'habillement et du campement, de l'ancienne nomenclature
H I à la nouvelle.*)

Messieurs, la mise en vigueur des nouveaux marchés généraux
concernant le service de l'habillement a rendu nécessaire la
réfection de l'édition de la nomenclature H I portant la date du
27 décembre 1890.

J'ai l'honneur de vous adresser la nouvelle édition de ladite
nomenclature, qui sera applicable à partir du 1ᵉʳ janvier 1894, en
ce qui concerne les prix, et à partir du 1ᵉʳ janvier 1895, en ce qui
concerne la classification du matériel.

A ce document est joint un tableau de corrélation comprenant
toutes les unités détaillées de la nomenclature actuelle et indiquant
les numéros nouveaux sous lesquels elles devront figurer dans les
comptes, à partir du 1ᵉʳ janvier 1895.

1° *Passage de la nomenclature actuelle à la nouvelle.*

Afin de simplifier les opérations que nécessite le passage d'une nomenclature à une autre, j'ai décidé qu'il sera procédé, dans la circonstance, conformément à la décision ministérielle du 17 juillet 1889, savoir :

a) Au 31 décembre 1894, le compte de gestion sera arrêté et balancé et on y fera ressortir les restants suivant la classification de la nomenclature du 27 décembre 1890.

Quant au décompte de la valeur dudit matériel, il aura lieu d'après les prix de la nouvelle nomenclature ;

b) Dans la colonne d'observations du compte de gestion, on inscrira à l'encre rouge, sur la ligne des totaux de chaque unité détaillée, les numéros de la nouvelle nomenclature sous lesquels cette unité devra être portée au compte de gestion de 1895;

c) Sur ce dernier compte, on ne fera figurer que les numéros de la nouvelle nomenclature, et à la suite du premier article d'entrée : « reprise d'inventaire », on inscrira à l'encre rouge les numéros sous lesquels le matériel repris figurait au compte de gestion de 1894 ;

d) Ces opérations ne donneront lieu à aucune inscription sur les registres-journaux.

2° *Inventaire estimatif (modèle n° 24 annexé à l'instruction des 23 décembre 1888-25 mai 1892, sur la comptabilité des matières.)*

ANNÉE 1893.

L'inventaire estimatif du matériel au compte de la masse d'habillement et d'entretien existant, tant en service qu'en magasin, au 31 décembre 1893, devant encore être décompté d'après les prix de la nomenclature du 27 décembre 1890, le compte de cette masse, pour le 4° trimestre 1893, sera établi avec ces prix.

ANNÉE 1894.

Pour l'année 1894, l'inventaire estimatif sera établi, en tant que classification du matériel, d'après la nomenclature du 27 décembre 1890, mais le décompte de la valeur dudit matériel aura lieu d'après les prix de la nouvelle nomenclature.

3° *Décompte de la valeur du matériel.*

La valeur du matériel sera décomptée, à partir du 1er janvier 1894, d'après les prix de la nouvelle nomenclature.

Matériel appartenant à l'Etat.

En ce qui concerne les magasins administratifs et le matériel appartenant à l'Etat, existant dans les corps de troupe et établissements considérés comme tels, ces dispositions sont applicables à l'ensemble du matériel.

Matériel appartenant aux masses.

Dans les corps de troupe et établissements assujettis au régime de la masse d'habillement et d'entretien, elles sont applicables au matériel appartenant à ladite masse, lorsque la valeur de ce matériel doit être décomptée aux prix de la nomenclature en conformité des règlements spéciaux déterminant les conditions de fonctionnement de cette masse.

Quant aux corps de troupe ou établissements non soumis au régime sus-visé, elles ne sont pas applicables aux effets en compte au titre de la masse individuelle ou de la masse de petit équipement, lesquels sont toujours décomptés au prix de revient ou d'achat.

4° Imputation de la valeur des effets livrés depuis le 1ᵉʳ *janvier* 1894.

Tous les effets livrés à charge de remboursement par les magasins administratifs ou par prélèvement sur l'approvisionnement de l'Etat des corps de troupe à quelque partie prenante que ce soit, à partir du 1ᵉʳ janvier 1894, seront décomptés au prix de la nouvelle nomenclature; cette disposition est applicable aux effets fournis, dans ces conditions, à la masse d'habillement des corps, quelle que soit la commande à laquelle ces effets se rapportent.

Les déductions faites sur les états de paiement des primes de la masse d'habillement et d'entretien avant la réception de la présente nomenclature, pour du matériel livré depuis le 1ᵉʳ janvier, seront régularisées en conséquence, par voie d'augmentation ou de diminution, des déductions à faire sur les plus prochains états.

5° Régularisation des modifications apportées à la situation de la masse d'habillement et d'entretien par suite du passage de la nomenclature actuelle à la nouvelle.

Par suite des modifications apportées à la plupart des prix de la nomenclature, la valeur des effets provenant des magasins administratifs ou de l'approvisionnement de l'Etat et appartenant à la masse d'habillement et d'entretien va se trouver changée; il en résultera que ladite masse aura subi, de ce fait, une augmentation ou une diminution.

Afin de régulariser, dans le compte trimestriel de la masse d'habillement et d'entretien, la différence qui en résultera, il sera établi un procès-verbal comprenant les matières, effets ou objets, qui, existant à la date du 31 décembre 1893, ont subi une modification de prix.

La valeur de ces matières, effets et objets sera décomptée d'après les anciens et les nouveaux prix.

La différence totale entre ces deux décomptes sera portée dans le prochain compte de la masse.

En dépense, s'il y a réduction de prix dans la valeur des effets;

En recette, s'il y a augmentation du prix dans la valeur des effets.

Cette inscription sera faite sous la rubrique « changement de nomenclature ».

Ces inscriptions en dépense ou en recette dans les comptes de la masse d'habillement et d'entretien n'affectent pas la comptabilité en deniers des corps; elles ne donnent pas lieu à remboursement ou à versement au Trésor.

Signé : A. MERCIER.

ANNEXE A LA CIRCULAIRE DU 28 AVRIL 1894.

EXEMPLES DES INSCRIPTIONS

à faire sur les comptes de gestion, au moment du passage de la nomenclature H I actuelle à la nouvelle nomenclature.

1er EXEMPLE.

L'unité n° 54-9 de l'ancienne nomenclature est classée sous le n° 56-12 de la nouvelle.

On portera à l'encre rouge dans la colonne 31 du compte de gestion de 1894 : n° 56-12, et dans la colonne 7 du compte de gestion de 1895, sous le n° 56-12 « Reprise d'inventaire » : n° 54-9.

2e EXEMPLE.

Le compte de gestion de 1894 constate, pour l'unité 70-2, un restant de 438 objets qui, dans la nouvelle nomenclature, sont, en raison de leurs dimensions ou pour toute autre cause, répartis en deux numéros : 73-2, 73-3.

On portera dans la colonne 31 du compte de gestion de 1894 :

$$\left.\begin{array}{l} 73\text{-}2 = 156 \\ 73\text{-}3 = 282 \end{array}\right\} 438$$

et dans la colonne 7 du compte de gestion de 1895 :

Sous le n° 73-2, Reprise d'inventaire, n° 70-2 ;
Sous le n° 73-3, Reprise d'inventaire, n° 70-2.

En face de ces dernières inscriptions, on portera dans la colonne 13 les nombres 156 d'une part et 282 d'autre part.

Les deux comptes de 1894 et 1895 recevront, en conséquence, des inscriptions semblables à celles portées sur les modèles ci-après :

Compte de gestion de 1894.

N^{os} de la NOMENCLATURE par unité		COLONNE 7.	COLONNE 13.	COLONNE 27 (A).	COLONNE 31 (B).
som-maire.	dé-taillée.				
		1er EXEMPLE :			
54	9			62	N° 56-12.
		2e EXEMPLE :			
70	2			438	$\left\{\begin{array}{l} \text{N° } 73\text{-}2 = 156 \\ \text{N° } 73\text{-}3 = 282 \end{array}\right\} 438$

(A) Colonne 15 pour les comptes de gestion des corps de troupe.
(B) Colonne 19 pour les comptes de gestion des corps de troupe.

Compte de gestion de 1895.

N^{os} de la NOMENCLATURE par unité		COLONNE 7.	COLONNE 13 (c).	COLONNE 31 (d).
sommaire.	détaillée.			
56	12	1er EXEMPLE : Reprise d'inventaire........ n° 54-9	62	
73	2	2e EXEMPLE : Reprise d'inventaire........... 70-2	156	
	3	Reprise d'inventaire........... 70-2	282	
			438	

(c) Colonne 10 pour les comptes de gestion des corps de troupe.
(d) Colonne 19 pour les comptes de gestion des corps de troupe.

Notice préliminaire.

Conformément aux dispositions de l'article 4 du règlement du 9 septembre 1888 sur la comptabilité des matières appartenant au département de la guerre, le matériel susceptible d'emploi ne comporte plus qu'un seul classement : « bon pour le service ».

Un chapitre spécial est affecté aux matières et objets hors de service, lorsque leur réforme a été régulièrement prononcée ou après décision du Ministre.

Toutefois, par dérogation au principe posé ci-dessus, les effets et objets délivrés aux corps de troupe ou établissements considérés comme tels, à charge de remboursement par la masse d'habillement et d'entretien, sont susceptibles de trois classements : « neuf », « en cours de durée » et « instruction »; ils figurent d'ailleurs, dans les comptes, sous les mêmes numéros sommaires et détaillés de la nomenclature que l'effet neuf correspondant, mais on ajoute au numéro sommaire la lettre B pour le classement en cours de durée et la lettre I pour le classement d'instruction. Ainsi, le pantalon de soldat est compris sous le n° 22-2, quand il est neuf; sous le n° 22-2 B, quand il est en cours de durée et sous le n° 22-2 I s'il est classé au service d'instruction.

Ces indications doivent être portées sur les factures d'expédition de matériel, afin de permettre au comptable réceptionnaire de prendre charge des effets sous leur véritable classement.

Le prix du matériel « bon pour le service » se rapproche le plus possible du prix moyen d'achat ou de revient. Celui des matières et objets hors de service non utilisables est fixé au vingtième du prix du matériel « bon pour le service » en négligeant, s'il y a lieu, les millièmes.

Le prix des effets d'habillement et de petit équipement en cours de durée est inférieur de 40 p. 100 à celui des effets bons pour le service ; le prix des effets de coiffure, de grand équipement et de campement (en cours de durée) est inférieur de 20 p. 100 à celui des effets bons pour le service. La valeur des effets du service d'instruction est fixée au cinquième du prix des effets bons pour le service.

Les effets et objets qui ne figureraient pas à la présente nomenclature seront classés avec les effets similaires (numéro sommaire) et sous la dénomination « Divers » (numéro de détail).

Quant aux prix à leur assigner, ils seront provisoirement déterminés par MM. les directeurs du service de l'intendance d'après les prix d'achat, de revient ou d'estimation (4ᵉ alinéa, § 3, article 4 de l'instruction des 23 décembre 1888-25 mai 1892).

Il en sera de même pour le matériel qui, bien que figurant à la nomenclature, ne comporterait aucun prix.

Enfin, pour faciliter l'établissement de l'inventaire estimatif des matières, effets et objets, au compte de la masse d'habillement et d'entretien (modèle 24 de l'instruction des 23 décembre 1888-25 mai 1892 pour l'application du règlement précité du 9 septembre 1888), tout en maintenant, pour le registre des entrées et sorties, la division du matériel (1ʳᵉ et 2ᵉ portions) prévue par le décret du 14 janvier 1889 (modèle 20 et annexe 2, § 15) et non reproduite dans la présente nomenclature afin de consacrer le principe d'uniformité posé à l'article 83 de l'instruction susindiquée des 23 décembre 1888-25 mai 1892, cet inventaire estimatif sera dressé de la manière suivante :

1° Les matières, effets et objets, au lieu d'être inscrits en une seule série dans l'ordre de la nomenclature, seront divisés en :

a. Matières, effets et objets de la première portion ;

b. Matières, effets et objets de la deuxième portion.

2° Dans chacun de ces groupes, la valeur du matériel sera totalisée par chapitre de la nomenclature et la récapitulation prévue au § 4 du nota du modèle d'inventaire estimatif sera établie ainsi qu'il suit :

	1ʳᵉ PORTION.	2ᵉ PORTION.	TOTAL.
Chapitre I...............			
Chapitre II...............			
Chapitre III...............			
Etc................			
Totaux généraux.....			

NOMENCLATURE

DES MATIÈRES ET EFFETS

POUR LE SERVICE

DE L'HABILLEMENT

ET DU CAMPEMENT.

29 AVRIL 1894.

NOTA. — Les prix de la présente nomenclature ne comprennent pas, sauf en ce qui concerne les effets des sous-officiers rengagés et des sous-officiers élèves officiers, la valeur des pattes à numéros et des écussons.

Les matières premières et effets de la 1re portion sont précédés d'un astérisque ; ceux de la 2e portion sont précédés de deux astérisques.

La lettre (A) indique le matériel à décompter au prix d'achat ou d'estimation.

Le matériel mis gratuitement à la disposition des corps ou établissements considérés comme tels doit figurer dans les comptes sous un seul classement : « Bon pour le service. »

Le prix à lui affecter est celui du classement neuf (article 4, § 3, de l'instruction des 23 décembre 1888-25 mai 1892).

ANNÉE 1894. N° 24.

CLASSIFICATION DES MATIÈRES ET EFFETS				UNITÉ RÈGLEMENTAIRE	PRIX MINISTÉRIELS au CLASSEMENT		
PAR UNITÉ SOMMAIRE.		PAR UNITÉ DÉTAILLÉE.					
Numéros.	DÉNOMINATION.	Numéros.	DÉNOMINATION.		neuf.	en cours de durée.	d'instruction.

CHAPITRE PREMIER.
DRAPS ET TISSUS POUR LA CONFECTION.

Numéros.	DÉNOMINATION.	Numéros.	DÉNOMINATION.	UNITÉ RÈGLEMENTAIRE	neuf.	en cours de durée.	d'instruction.
1	Draps (1)	1	Blanc blanchi..................... (de sous-officier rengagé)	Mètre.	7 15		
		2	Bleu de ciel	Idem.	9 00		
		3	Bleu foncé.....................	Idem.	10 20		
		4	Rouge ton garance.....................	Idem.	9 75		
		5	Gris de fer foncé	Idem.	9 50		
		6	Jonquille	Idem.	7 15		
		7	Écarlate.....................	Idem.	7 15		
		8	Blanc blanchi............. (en 140c).	Idem.	8 00		
		9	Bleu de ciel............. (en 140c).	Idem.	8 35		
		10	Bleu foncé............. (en 140c).	Idem.	9 50		
		11	Rouge ton garance......... (en 140c) (de sous-officier)	Idem.	9 05		
		12	Gris de fer foncé......... (en 140c).	Idem.	8 70		
		13	Jonquille............. (en 140c).	Idem.	8 00		
		14	Écarlate............. (en 140c).	Idem.	8 00		
		15	Bleu de ciel............. (en 140c).	Idem.	7 50		
		16	Bleu foncé............. (en 140c).	Idem.	9 11		
		17	Rouge ton garance......... (en 140c)	Idem.	8 65		
		18	Gris beige............. (en 140c).	Idem.	8 00		
		19	Gris de fer bleuté......... (en 140c) (de soldat)	Idem.	8 00		
		20	Gris de fer foncé......... (en 140c).	Idem.	8 00		
		21	Marron foncé............. (en 140c).	Idem.	8 00		
		22	Beige bleu............. (en 140c).	Idem.	8 00		
		23	Gris de fer bleuté croisé... (en 132c).	Idem.	6 50		
		24	Divers.....................	Idem.	»		
2	Flanelles, satins et velours.	1	lisse blanche .... (en 104c). (Flanelles)	Idem.	1 77		
		2	diverses	Idem.	»		

(1) Les draps en 149c qui peuvent exister encore en magasin seront compris au n° 27, sous la dénomination « Divers ».
Les draps reteints seront compris sous les mêmes numéros détaillés que les draps de leur nouvelle nuance.

CLASSIFICATION DES MATIÈRES ET EFFETS

PAR UNITÉ SOMMAIRE.		PAR UNITÉ DÉTAILLÉE.		UNITÉ RÉGLEMENTAIRE	PRIX MINISTÉRIELS au CLASSEMENT		
Numéros.	DÉNOMINATION.	Numéros.	DÉNOMINATION.		neuf.	en cours de durée.	d'instruction
2	Flanelles, satins et velours. (Suite.)	3	Satins { de Chine	Mètre.	4 25		
		4	divers	Idem.	»		
		5	Velours { noir	Idem.	12 75		
		6	divers	Idem.	»		
		1	d'Armentières	Idem.	1 30		
		2	coutil (en 66°)	Idem.	1 20		
		3	à doublure { en lin	Idem.	0 90		
		4	en coton	Idem.	0 75		
		5	croisé coton en 90° { mastic	Idem.	0 75		
		6	noir	Idem.	0 75		
		7	à tente, dite 3 fils (en 80°)	Idem.	1 00		
		8	ordinaire (en 45°)	Idem.	0 30		

PAR UNITÉ SOMMAIRE.		PAR UNITÉ DÉTAILLÉE.		UNITÉ RÉGLEMENTAIRE	PRIX MINISTÉRIELS au CLASSEMENT		
Numéros.	DÉNOMINATION.	Numéros.	DÉNOMINATION.		neuf.	en cours de durée.	d'instruction
3	Toiles et treillis		Toiles				
		9	à pourrir { sulfatisée à double imbibition { au cuivre	Idem.	0 35		
		10	au zinc	Idem.	0 30		
		11	pour enveloppe { de paillasse (en 85°)	Idem.	0 95		
		12	de traversin (en 79°)	Idem.	0 85		
		13	pour sac de couchage (en 80°)	Idem.	0 95		
		14	pour baldaquin de tente de conseil (teinte en bleu) (en 105°)	Idem.	0 75		
		15	de chapeau de tente (en 120°)	Idem.	0 90		
		16	extérieure de caisse à bagages (en 68°)	Idem.	1 10		
		17	pour garniture { intérieure de caisse à bagages (percaline teinte en rouge vif) (en 80°)	Idem.	0 70		
		18	de cantine à vivres (imperméable) (en 102°)	Idem.	3 25		
		19	de caisse à archives (tissu de lin sulfatisé) (en 105°)	Idem.	1 00		
		20	de caisse de fonds (en 83°)	Idem.	1 45		
		21	voile (dite A) { pour fond de seau (en 48° à 50°)	Idem.	1 30		
		22	pour fût de seau (en 38° à 39°)	Idem.	1 10		

| CLASSIFICATION DES MATIÈRES ET EFFETS | | | | UNITÉ RÉGLE-MENTAIRE | PRIX MINISTÉRIELS au CLASSEMENT | | |
| PAR UNITÉ SOMMAIRE. | | PAR UNITÉ DÉTAILLÉE. | | | | | |
Numéros.	DÉNOMINATION.	Numéros.	DÉNOMINATION.		neuf.	en cours de durée.	d'instruction.
3	" Toiles et treillis... (Suite.)	23	Toiles.... (Suite.) { Tissu de sangle en chanvre { pour pliant	Mètre.	0 30		
		24	pour tente	Idem.	0 25		
		25	diverses	Idem.	»		
		26	Treillis... { pour pantalons { en 70ᶜ	Idem.	1 15		
		27	en 86ᶜ	Idem.	1 40		
		28	divers	Idem.	»		

CHAPITRE II.
EFFETS D'HABILLEMENT.

§ 1er. — *Effets d'habillement du modèle général.*

				UNITÉ RÉGLE-MENTAIRE	neuf.	en cours de durée.	d'instruction.
4	Bourgerons	1	" en drap	Nombre.	10 80	6 50	2 15
		2	" en toile	Idem.	2 60	1 55	0 50
		3	" veste en toile pour pontonniers	Idem.	3 00	1 80	0 60
		4	" divers	Idem.	»	»	»
5	" Caleçons	»	divers	Idem.	1 50	0 90	0 30
6	" Capotes	1	pour sous-officiers et soldats... ancien modèle. { Artillerie	Idem.	26 84	16 10	5 37
		2	Génie	Idem.	25 43	15 26	5 09
		3	Train des équipages	Idem.	21 54	12 92	4 31
		4	modèle réglementaire. { Artillerie	Idem.	26 25	15 75	5 25
		5	Compagnies de discipline	Idem.	22 85	13 75	4 60
		6	Toutes autres armes, cadre des compagnies de discipline, sous-officiers élèves officiers, cadre de l'école d'administration et élève d'administration stagiaire	Idem.	22 90	13 75	4 60
		7	en drap croisé	Idem.	16 66	9 99	3 33
		8	diverses	Idem.	»	»	»
7	Ceintures	1	" de laine { Modèle général pour troupes d'Afrique et groupes alpins	Idem.	4 50	2 70	0 90
		2	Tirailleurs algériens	Idem.	4 00	2 40	0 80
		3	Chasseurs d'Afrique	Idem.	5 50	3 30	1 10

CLASSIFICATION DES MATIÈRES ET EFFETS

PAR UNITÉ SOMMAIRE.		PAR UNITÉ DÉTAILLÉE.		UNITÉ RÈGLE-MENTAIRE	PRIX MINISTÉRIELS au CLASSEMENT		
Numéros.	DÉNOMINATION.	Numéros.	DÉNOMINATION.		neuf.	en cours de durée.	d'instruction.
7	Ceintures (*Suite*)	4	de flanelle (1)	Nombre.	1 50	0 90	0 30
		5	diverses	Idem.	»	»	»
8	Chaussettes et bas de laine	1	Chaussettes { en coton	Paire.	0 75	0 45	0 15
		2	en laine	Idem.	1 25	0 75	0 25
		3	diverses	Idem.	»	»	»
		4	Bas de laine	Idem.	2 00	1 20	0 40
9	Chemises	1	de coton { à col	Nombre.	2 20	1 35	0 45
		2	sans col	Idem.			
		3	de flanelle coton	Idem.	3 00	1 80	0 60
		4	de lin	Idem.	4 75	2 85	0 95
		5	diverses	Idem.	»	»	»
10	Collets à capuchon en drap	1	Zouaves	Idem.	15 20	9 15	3 05
		2	Tirailleurs algériens	Idem.	14 10	8 50	2 85
11	Cravates et cols	3	divers	Idem.	»	»	»
		1	Cravates de coton diverses	Idem.	0 27	0 20	0 06
		2	Cols divers	Idem.	0 85	0 50	0 20
12	Dolmans	1	Dragons { Sous-officier	Idem.	20 25	12 15	4 05
		2	Soldat	Idem.	19 80	11 90	4 00
		3	Chasseurs à cheval { Sous-officier	Idem.	18 85	11 35	3 80
		4	Soldat	Idem.	17 85	10 75	3 60
		5	Hussards { Sous-officier	Idem.	18 85	11 35	3 80
		6	Soldat	Idem.	17 85	10 75	3 60
		7	Chasseurs d'Afrique { Sous-officier	Idem.	18 85	11 35	3 80
		8	Soldat	Idem.	17 85	10 75	3 60
		9	Artillerie { Sous-officier	Idem.	21 50	12 90	4 30
		10	Soldat	Idem.	21 00	12 60	4 20
		11	Train des équipages militaires { Sous-officier	Idem.	20 35	12 25	4 10
		12	Soldat	Idem.	19 50	11 70	3 90
		13	Cavaliers de remonte { Sous-officier	Idem.	20 30	12 20	4 10
		14	Soldat	Idem.	19 80	11 90	4 00

(1) Ceux de ces effets qui sont déposés dans les compagnies, étant entretenus et remplacés sur les fonds particuliers de ces unités, font partie, dans ce cas, de la 2e portion.

CLASSIFICATION DES MATIÈRES ET EFFETS

PAR UNITÉ SOMMAIRE.		PAR UNITÉ DÉTAILLÉE.		UNITÉ RÈGLE-MENTAIRE	PRIX MINISTÉRIELS au CLASSEMENT		
Numéros. DÉNOMINATION.		Numéros. DÉNOMINATION.			neuf.	en cours de durée.	d'ins-truction.
12	" Dolmans........ (Suite.)	15	Ecole d'application de cavalerie et cadre de l'Ecole militaire pré-paratoire de cavalerie. Sous-officier.............	Nombre.	26 25	12 15	4 05
		16	Soldat.............	Idem.	19 80	11 90	4 00
		17	Divers.............	Idem.	»	»	»
		1	Tambour-major (régiments d'infanterie, du génie, régiments étrangers).............	Paire.	7 30	4 40	1 50
			Infanterie de ligne, Cuirassiers et Génie.............	Idem.			
13	" " Epaulettes......	3	Chasseurs à pied.............	Idem.	2 00	1 20	0 40
		4	Infanterie légère d'Afrique.............	Idem.	(sans garniture)		
		5	Régiments étrangers.............	Idem.			
		6	Compagnies de discipline (cadre).............	Idem.			
		7	Secrétaires d'état-major et du recrutement et trom-pettes de cuirassiers.............	Idem.	2 20	1 35	0 45
		8	Commis et ouvriers militaires d'administration.....	Idem.	(avec garniture)		
		9	Infirmiers militaires.............	Idem.			
		10	Diverses.............	Idem.			
14	" " Gants...........	1	en coton.............	Idem.	0 55	0 35	0 10
		2	en laine.............	Idem.	1 25	0 75	0 25
		3	en peau pour troupes à cheval.............	Idem.	1 40	0 85	0 30
		4	en peau pour sous-officiers des troupes à pied.	Idem.			
		5	Moufles.............	Idem.	1 50	0 90	0 30
		6	Divers.............	Idem.	»	»	
15	Gilets...........	1	" de drap Zouaves Sous-officier.	Nombre.	3 50	2 10	0 70
		2	Zouaves Soldat......	Idem.	3 45	2 10	0 70
		3	Tirailleurs algériens Sous-officier.	Idem.	3 35	2 05	0 70
		4	Tirailleurs algériens Soldat......	Idem.	3 15	1 90	0 65
		5	" de coton.............	Idem.	3 00	1 80	0 60
		6	" de flanelle Ordinaire.............	Idem.	4 50	2 70	0 90
		7	En usage dans les troupes de la marine.	Idem.	3 60	2 15	0 70
		8	" de laine.............	Idem.	7 00	4 20	1 40
		9	divers.............	Idem.	»	»	»

CLASSIFICATION DES MATIÈRES ET EFFETS

PAR UNITÉ SOMMAIRE.		PAR UNITÉ DÉTAILLÉE.		UNITÉ RÉGLE-MENTAIRE	PRIX MINISTÉRIELS au CLASSEMENT		
Numéros.	DÉNOMINATION.	Numéros.	DÉNOMINATION.		neuf.	en cours de durée.	d'instruction.
16	Guêtres-jambières et bandes molletières	1	Guêtres-jambières pour zouaves et tirailleurs algériens, en drap (ancien modèle)	Paire.	4 00	2 40	0 80
		2	de campagne (nouveau modèle), en drap neuf, Taille extra-ample	Idem.	6 95	4 20	1 40
		3	Taille normale	Idem.	6 30	3 80	1 30
		4	en drap hors de service, Taille normale	Idem.	»	»	»
		5	en toile	Idem.	2 40	1 45	0 50
		6	Bandes molletières pour chasseurs alpins	Idem.	2 40	1 45	0 50
		7	Diverses	Idem.	»	»	»
17	Jersey	1	Pour chasseurs alpins	Nombre.	8 00	4 80	1 60
18	Manteaux en drap	1	pour adjudant de toutes armes et sous-chef de musique d'artillerie, avec pèlerine	Idem.	85 15	54 10	17 05
		2	sans pèlerine	Idem.	54 90	32 95	11 00
		3	pèlerine seule	Idem.	30 25	18 15	6 05
		4	de troupe, ancien modèle, bleu foncé : Dragons, Ecole d'application de cavalerie et cadre de l'Ecole militaire préparatoire de cavalerie, cavaliers de remonte et de manège, artillerie (hommes montés), génie (sapeurs-conducteurs)	Idem.	40 09	24 05	8 02
		5	Cuirassiers	Idem.	42 27	25 36	8 45
		6	bleu de ciel : Chasseurs à cheval, hussards, chasseurs d'Afrique, Ecole de cavalerie	Idem.	35 40	21 24	7 08
		7	gris de fer foncé : Train des équipages militaires (hommes montés)	Idem.	35 91	21 55	7 18
		8	modèle réglementaire, gris de fer bleuté : pour toutes les troupes à cheval (cuirassiers exceptés)	Idem.	38 30	23 00	7 70
		9	pour cuirassiers	Idem.	39 60	23 80	7 95
		10	A capuchon pour chasseurs alpins	Idem.	27 50	16 50	5 50
		11	Divers	Idem.	»	»	»
19	Matelassure de cuirasse	1	Gilet matelassure	Idem.	6 45	3 90	1 30
		2	diverses	Idem.	»	»	»
20	Mouchoirs de poche	1	du modèle ordinaire	Idem.	0 35	0 20	0 07
		2	dits « d'instruction »	Idem.	0 50	0 30	0 10

PAR UNITÉ SOMMAIRE.		PAR UNITÉ DÉTAILLÉE.		UNITÉ RÉGLEMENTAIRE	PRIX MINISTÉRIELS au CLASSEMENT		
Numéros. DÉNOMINATION.	Numéros.	DÉNOMINATION.			neuf.	en cours de durée.	d'instruction.
20 — ** Mouchoirs de poche *(Suite.)*	3	divers............		Nombre.	»	»	»
21 — Paletots de molleton à l'usage des troupes de la marine..	1	d'artillerie............		Idem.	14 00	»	»
	2	d'infanterie............		Idem.	15 50	»	»
	3	divers............		Idem.	»	»	»
	1	Infanterie de ligne, infanterie légère d'Afrique, compagnies de discipline (cadre), régiments étrangers, secrétaires d'état-major, commis et ouvriers militaires d'administration, cadre de l'Ecole d'administration, infirmiers militaires et train des équipages militaires (soldat non monté)......	Sous-officier .	Idem.	11 55	6 95	2 35
	2		Soldat	Idem.	11 45	6 70	2 25
	3	Chasseurs à pied.........	Sous-officier .	Idem.	11 35	6 85	2 30
	4		Soldat.......	Idem.	10 60	6 40	2 15
	5	Compagnies de discipline.............		Idem.	10 45	6 30	2 10

PAR UNITÉ SOMMAIRE.		PAR UNITÉ DÉTAILLÉE.		UNITÉ RÉGLEMENTAIRE	PRIX MINISTÉRIELS au CLASSEMENT		
Numéros. DÉNOMINATION.	Numéros.	DÉNOMINATION.			neuf.	en cours de durée.	d'instruction.
22 — Pantalons.........	6	Zouaves..............	Sous-officier..	Idem.	18 55	11 15	3 75
	7		Soldat.......	Idem.	17 90	10 75	3 60
	8	Tirailleurs algériens......	Sous-officier..	Idem.	17 80	10 70	3 60
	9		Soldat.......	Idem.	16 30	9 80	3 30
	10	(* d'ordonnance.....) Cuirassiers, dragons, cavaliers de remonte (intérieur) et train des équipages (intérieur).......	Sous-officier..	Idem.	12 80	7 70	2 60
	11	Chasseurs d'Afrique, cavaliers de remonte (en Afrique) et train des équipages (en Afrique)........	Sous-officier..	Idem.	16 65	10 00	3 35
	12	Chasseurs à cheval, hussards, Ecole d'application de cavalerie et cadre de l'Ecole militaire préparatoire de cavalerie......	Sous-officier..	Idem.	12 75	7 65	2 55
	13	Ecole d'application de cavalerie et cadre de l'Ecole militaire préparatoire de cavalerie.............	Soldat.......	Idem.	12 35	7 45	2 50
	14	Cavaliers de manège (sous-officier et soldat)		Idem.	13 30	8 00	2 70
	15	Artillerie. Sous-officier monté..........		Idem.	15 10	9 10	3 05
	16	Sous-officier non monté........		Idem.	14 65	8 80	2 93
	17	Soldat non monté.............		Idem.	14 20	8 55	2 85

CLASSIFICATION DES MATIÈRES ET EFFETS

| PAR UNITÉ SOMMAIRE. | | PAR UNITÉ DÉTAILLÉE. | | UNITÉ RÉGLEMENTAIRE | PRIX MINISTÉRIELS au CLASSEMENT | | |
Numéros.	DÉNOMINATION.	Numéros.	DÉNOMINATION.		neuf.	en cours de durée.	d'instruction.
22	Pantalons.......... (Suite).	18	Génie... Sous-officier monté............	Nombre.	14 80	8 90	3 00
		19	Sous-officier non monté......	Idem.	14 35	8 65	2 90
		20	Soldat non monté............	Idem.	13 95	8 40	2 80
		21	" d'ordonnance.... (Suite.) A l'usage des troupes de la marine.. en flanelle bleue d'artillerie...	Idem.	13 60	»	»
		22	d'infanterie..	Idem.	10 70	»	»
		23	Divers........	Idem.	»	»	»
		24	Cuirassiers, dragons, train des équipages militaires (intérieur) et cavaliers de remonte (intérieur)..... Sous-officier..	Idem.	24 75	14 85	4 95
		25	Soldat.......	Idem.	24 25	14 55	4 85
		26	Chasseurs à cheval, hussards, Ecole d'application de cavalerie et cadre de l'Ecole militaire préparatoire de cavalerie...... Sous-officier..	Idem.	24 75	14 85	4 95
		27	Soldat.......	Idem.	24 25	14 55	4 85
		28	" de cheval. Chasseurs d'Afrique, cavaliers de remonte et train des équipages (Afrique).. Sous-officier..	Idem.	23 30	14 00	4 70
		29	Soldat.......	Idem.	22 85	13 75	4 60
		30	Artillerie............ Sous-officier..	Idem.	26 75	16 05	5 35
		31	Soldat......	Idem.	26 30	15 80	5 30
		32	Génie............. Sous-officier.	Idem.	26 30	15 80	5 30
		33	Soldat......	Idem.	25 80	15 50	5 20
		34	Conducteurs de caissons et soldats-ordonnances des chefs de corps dans les bataillons de chasseurs à pied...........	Idem.	22 55	13 55	4 55
		35	Divers........	Idem.	»	»	»
		36	" Culotte pour tirailleur méhariste.........	Idem.	12 70	7 65	2 55
		37	" de travail. en toile..... pour zouaves et tirailleurs algériens............	Idem.	4 30	2 60	0 85
		38	en treillis.... d'écurie ou de travail pour toutes armes...........	Idem.	3 40	2 05	0 70
		39	en toile bleue. pour maréchal-ferrant.....	Idem.	4 00	2 40	0 80
		40	pour ouvriers d'administration........	Idem.			
		41	en toile grise pour la cuisine............	Idem.	3 30	2 00	0 65
		42	Divers........	Idem.	»	»	»
23	" Portemanteaux....	1	Train des équipages militaires............	Idem.	7 12	4 27	1 42
		2	Divers........	Idem.	»	»	»

CLASSIFICATION DES MATIÈRES ET EFFETS

PAR UNITÉ SOMMAIRE.		PAR UNITÉ DÉTAILLÉE.		UNITÉ RÉGLEMENTAIRE	PRIX MINISTÉRIELS au CLASSEMENT		
Numéros. / DÉNOMINATION.	Numéros.	DÉNOMINATION.			neuf.	en cours de durée.	d'instruction.
24 — Tabliers	1	à bavette et à poche — en toile bleue	Nombre.	1 90	1 15	0 40
	2	en toile cachou	Idem.	2 10	1 30	0 45
	3	en toile crémée	Idem.	1 70	1 05	0 35
	4	à bavette, sans poche — en toile bleue	Idem.	1 70	1 05	0 35
	5	en toile cachou	Idem.	1 90	1 15	0 40
	6	en toile crémée	Idem.	1 55	0 95	0 30
	7	divers	Idem.	»	»	»
	1	Infanterie de ligne — Tambour-major	Idem.	31 60	19 00	6 35
	2	Sous-officier	Idem.	20 75	12 45	4 15
	3	Chasseurs à pied	Idem.	20 85	12 55	4 20
	4	Infanterie légère d'Afrique	Idem.	20 85	12 55	4 20
	5	Compagnies de discipline (cadre)	Idem.	20 85	12 55	4 20
25 — Tuniques et vareuses	6	Tuniques de sous-officier — Régiments étrangers — Tambour-major	Idem.	31 60	19 00	6 35
	7	Sous-officier	Idem.	20 80	12 50	4 20
	8	Secrétaires d'état-major, commis et ouvriers militaires d'administration et cadre de l'École d'administration.	Idem.	20 85	12 55	4 20
	9	Infirmiers militaires	Idem.	20 80	12 50	4 20
	10	Génie — Troupe à pied — Tambour-major	Idem.	31 85	19 15	6 40
	11	Sous-officier	Idem.	22 10	13 30	4 45
	12	Sapeurs-conducteurs	Idem.	23 00	13 80	4 60
	13	Cuirassiers	Idem.	19 45	11 70	3 90
	14	Dragons	Idem.	24 89	14 93	4 98
	15	Cavaliers de manège	Idem.	20 60	12 40	4 15
	16	Vareuse-dolman des chasseurs alpins (sous-officier)	Idem.	21 30	12 80	4 30
	17	Tuniques de soldat — Infanterie de ligne	Idem.	20 20	12 15	4 05
	18	Chasseurs à pied	Idem.	20 20	12 15	4 05
	19	Infanterie légère d'Afrique	Idem.	20 20	12 15	4 05
	20	Compagnies de discipline (cadre)	Idem.	20 20	12 15	4 05
	21	Régiments étrangers	Idem.	20 20	12 15	4 05

CLASSIFICATION DES MATIÈRES ET EFFETS

PAR UNITÉ SOMMAIRE — Numéros.	PAR UNITÉ SOMMAIRE — DÉNOMINATION.	PAR UNITÉ DÉTAILLÉE — Numéros.	PAR UNITÉ DÉTAILLÉE — DÉNOMINATION.	UNITÉ RÉGLEMENTAIRE	PRIX MINISTÉRIELS au CLASSEMENT — neuf.	en cours de durée.	d'instruction.
25	* Tuniques et vareuses .... (Suite.)	22	Secrétaires d'état-major, commis et ouvriers militaires d'administration et cadre de l'École d'administration.	Nombre.	20 20	12 15	4 05
		23	Infirmiers militaires..............	Idem.	20 20	12 15	4 05
		24	Génie { troupe à pied...........	Idem.	21 45	12 90	4 20
		25	Génie { sapeurs-conducteurs.....	Idem.	22 35	13 45	4 50
		26	Cuirassiers...................	Idem.	18 90	11 35	3 80
		27	Dragons.....................	Idem.	21 93	13 16	4 39
		28	Cavaliers de manège...........	Idem.	20 60	12 40	4 15
		29	Diverses.....................	Idem.	»	»	»
		30	Vareuse-dolman des chasseurs alpins...........	Idem.	20 70	12 45	4 20
		31	Diverses.....................	Idem.	»	»	»
26	Vestes...........	1	Infanterie de ligne, chasseurs à pied, secrétaires d'état-major, commis et ouvriers militaires d'administration, cadre de l'École d'administration, infirmiers militaires, infanterie légère d'Afrique, compagnies de discipline (cadre), compagnie de discipline (fusiliers, régiments étrangers)	Idem.	12 35	7 45	2 50
		2	Zonaves { Sous-officier.	Idem.	13 70	8 25	2 75
		3	Zonaves { Soldat.......	Idem.	13 35	8 05	2 70
		4	Tirailleurs algériens { Sous-officier..	Idem.	13 05	7 85	2 65
		5	Tirailleurs algériens { Soldat.......	Idem.	12 25	7 35	2 45
		6	Demi-ample pour troupes à pied.....	Idem.	13 51	8 11	2 70
		7	* d'uniforme { Cuirassiers, dragons, cavaliers de remonte..........	Idem.	14 60	8 80	2 95
		8	Artillerie....................	Idem.	14 25	8 55	2 85
		9	Chasseurs à cheval et hussards, chasseurs d'Afrique (soldat)...........	Idem.	12 70	7 65	2 55
		10	École d'application de cavalerie et cadre de l'École militaire préparatoire de cavalerie....................	Idem.	14 65	8 80	2 95
		11	Chasseurs d'Afrique (sous-officier)...	Idem.	13 65	8 20	2 75
		12	Cavaliers de remonte (sous-officier en Algérie)...................	Idem.	15 10	9 10	3 05
		13	Génie (troupe à pied et sapeurs conducteurs)....................	Idem.	12 75	7 65	2 55
		14	Train des équipages militaires.......	Idem.	13 30	8 00	2 70

CLASSIFICATION DES MATIÈRES ET EFFETS				UNITÉ RÉGLEMENTAIRE	PRIX MINISTÉRIELS au CLASSEMENT		
PAR UNITÉ SOMMAIRE.		PAR UNITÉ DÉTAILLÉE.					
Numéros.	DÉNOMINATION.	Numéros.	DÉNOMINATION.		neuf.	en cours de durée.	d'instruction.
26	Vestes . . . . (*Suite.*)	15	- d'uniforme. (*Suite.*) { Cavaliers de manège	Nombre.	15 10	9 10	3 05
		16	Diverses	Idem.	»	»	»
		17	Ouvriers d'artillerie et artificiers (sous-officier)	Idem.	14 90	8 95	3 00
		18	Commis et ouvriers militaires d'administration (sous-officier)	Idem.	14 65	8 80	2 95
		19	en drap. Ouvriers d'artillerie et artificiers (A. M)	Idem.	15 07	9 04	3 01
		20	Arçonniers et cavaliers de remonte (soldat)	Idem.	14 90	8 95	3 00
		21	de travail Diverses	Idem.	»	»	»
		22	en toile. { bleue	Idem.	5 00	3 00	1 00
		23	écrue	Idem.	4 70	2 80	0 95
		24	en treillis	Idem.	5 00	3 00	1 00

		Numéros.	DÉNOMINATION.	UNITÉ RÉGLEMENTAIRE	neuf.	en cours de durée.	d'instruction.
		25	Diverses	Idem.	»	»	»
27	Effets d'habillement et accessoires d'effets d'habillement spéciaux à l'usage des spahis	1	Bourgerons en toile	Idem.	2 65	1 60	0 55
		2	Burnous { en drap	Idem.	33 80	20 30	6 80
		3	en laine blanche	Idem.	20 90	12 55	4 20
		4	Ceintures de laine	Idem.	6 00	3 60	1 20
		5	Foulards en soie	Idem.	4 25	2 55	0 85
		6	Gilets { Sous-officier	Idem.	4 05	2 45	0 80
		7	Soldat	Idem.	3 75	2 25	0 75
		8	Haïcks	Idem.	18 60	11 20	3 75
		9	Manteaux d'adjudant	Idem.	84 90	50 95	17 00
		10	Pantalons { Sous-officier	Idem.	23 70	14 25	4 75
		11	Soldat	Idem.	21 75	13 05	4 35
		12	Pantalons de toile arabe	Idem.	6 25	3 75	1 25
		13	Vestes { Sous-officier	Idem.	16 05	9 65	3 20
		14	Soldat	Idem.	12 90	7 75	2 60
		15	Numéros pour manteau d'adjudant (paire de)	Idem.	1 35	0 80	0 30
		16	Divers	Idem.	»	»	»

CLASSIFICATION DES MATIÈRES ET EFFETS

§ 2. — *Accessoires d'effets d'habillement.*

PAR UNITÉ SOMMAIRE.		PAR UNITÉ DÉTAILLÉE.		UNITÉ RÈGLEMENTAIRE	PRIX MINISTÉRIELS au CLASSEMENT		
Numéros.	DÉNOMINATION.	Numéros.	DÉNOMINATION.		neuf.	en cours de durée.	d'instruction.
28	" Boucles de pantalon	»	Diverses	Nombre.	0 10	0 06	0 02
29	" Boutons	1	en cuivre — demi-bombé — gros	Idem.	0 04	0 02	»
		2	en cuivre — demi-bombé — petit	Idem.	0 02	0 01	»
		3	en cuivre — demi-sphérique — gros	Idem.	0 03	0 02	»
		4	en cuivre — demi-sphérique — petit	Idem.	0 02	0 01	»
		5	en étain — demi-bombé — gros	Idem.	0 04	0 02	»
		6	en étain — demi-bombé — petit	Idem.	0 03	0 02	»
		7	en étain — demi-sphérique — gros	Idem.	0 04	0 02	»
		8	en étain — demi-sphérique — petit	Idem.	0 03	0 02	»
		9	Divers en corne ou en os	Idem.	»	»	»
30	Brassards	1	Brancardiers régimentaires (1)	Idem.	0 67	»	»
		2	Conducteurs régimentaires (1)	Idem.	0 67	»	»
		3	Estafettes du service de la trésorerie et des postes — Sous-officier	Idem.	3 75	»	»
		4	Estafettes du service de la trésorerie et des postes — Brigadier et soldat	Idem.	1 80	»	»
		5	Service des réquisitions et de l'alimentation militaires — Sous-officier	Idem.	0 70	»	»
		6	Service des réquisitions et de l'alimentation militaires — Brigadier ou caporal	Idem.	0 25	»	»
		7	Service des réquisitions et de l'alimentation militaires — Soldat	Idem.	0 20	»	»
		8	Pour hommes affectés au service de garde des voies de communication	Idem.	0 20	»	»
		9	Pour hommes des services auxiliaires mis à la disposition des corps de troupe à la mobilisation	Idem.	0 20	»	»
		10	Divers	Idem.	»	»	»
31	" Bretelles de pantalon	1	pour homme à cheval	Idem.	0 60	0 40	0 15
		2	pour homme à pied	Idem.	0 50	0 30	0 10
		3	diverses	Idem.	»	»	»
32	" Courroies	1	de manteau	Idem.	0 40	0 25	0 08
		2	de sautoir ou de capote (modèle général)	Idem.	0 25	0 15	0 05
		3	de sautoir (modèle spécial aux chasseurs alpins)	Idem.	0 30	0 10	0 06
		4	diverses	Idem.	»	»	»

(1) Y compris les frais résultant de la confection et de la fourniture des matières premières et des accessoires. Toutefois, lorsque les draps seront fournis par les magasins de l'État, il sera alloué seulement au prix de confection de 0 fr. 10 comprenant la fourniture du fil noir et de la boucle en fer verni noir.

CLASSIFICATION DES MATIÈRES ET EFFETS

Numéros	PAR UNITÉ SOMMAIRE. DÉNOMINATION.	Numéros	PAR UNITÉ DÉTAILLÉE. DÉNOMINATION.	UNITÉ RÉGLEMENTAIRE	neuf.	en cours de durée.	d'instruction.
					PRIX MINISTÉRIELS au CLASSEMENT		
33	"Fausses bottes (paire de)	1	pour pantalon de cheval { ancien modèle..	Nombre.	8 70	5 25	1 75
		2	rétrécies.	Idem.	8 25	4 95	1 65
		3	diverses	Idem.	»	»	»
34	" Galons	1	d'or { de 22mm { façon à lézardes { A. M..	Mètre.	6 50	3 90	1 30
		2	N. M..	Idem.	5 05	3 05	1 05
		3	façon cul de dé	Idem.	6 50	3 90	1 30
		4	de 15mm	Idem.	5 00	3 00	1 00
		5	de 12mm { A. M..	Idem.	3 80	2 30	0 75
		6	N. M..	Idem.	2 75	1 65	0 55
		7	de 10mm	Idem.	3 40	2 05	0 70
		8	de 6mm	Idem.	2 25	1 35	0 45
		9	en trait côtelé de 6mm pour adjudants et médecins auxiliaires	Idem.	1 65	1 00	0 35
		10	d'argent { de 22mm { façon à lézardes	Idem.	4 10	2 50	0 85
		11	façon cul de dé	Idem.	4 50	2 70	0 90
		12	de 15mm	Idem.	3 75	2 25	0 70
		13	de 12mm	Idem.	2 40	1 30	0 45
		14	de 11mm	Idem.	2 75	1 65	0 55
		15	de 10mm	Idem.	2 70	1 60	0 55
		16	de 6mm	Idem.	2 00	1 20	0 40
		17	en trait côtelé de 6mm pour adjudants, médecins et pharmaciens auxiliaires	Idem.	1 55	0 95	0 30
		18	or et soie rouge pr brides d'épaules d'effets de tambr-majr	Idem.	1 70	1 00	0 35
		19	de laine { garance { de 22mm	Idem.	0 25	0 15	0 05
		20	de 12mm	Idem.	0 18	0 11	0 04
		21	écarlate { de 22mm	Idem.	0 25	0 15	0 05
		22	de 12mm	Idem.	0 18	0 11	0 04
		23	jonquille { de 22mm	Idem.	0 25	0 15	0 05
		24	de 12mm	Idem.	0 18	0 11	0 04
		25	bleu de ciel de 22mm pour spahis	Idem.	0 25	0 15	0 05
		26	à losanges tricolores de 22mm	Idem.	0 50	0 30	0 10
		27	en poil de chèvre	Idem.	0 20	0 12	0 04

CLASSIFICATION DES MATIÈRES ET EFFETS

Numéros	PAR UNITÉ SOMMAIRE. DÉNOMINATION.	Numéros	PAR UNITÉ DÉTAILLÉE. DÉNOMINATION.	UNITÉ RÉGLEMENTAIRE	PRIX MINISTÉRIELS au CLASSEMENT neuf.	en cours de durée.	d'instruction.
34	" Galons. (Suite.)	28	en fil blanc	Mètre.	0 20	0 12	0 04
		29	divers	Idem.	»	»	»
		1	Grenade } brodée en or ou en argent	Nombre.	1 50	0 90	0 30
		2	Grenade } découpée en drap	Idem.	0 10	»	»
		3	de tir — Cor de chasse } brodé en or	Idem.	0 60	0 40	0 12
		4	brodé en argent	Idem.	0 55	0 35	0 11
		5	découpé en drap	Idem.	0 10	»	»
		6	de navigation. Ancre } brodée en soie et or	Idem.	1 00	0 60	0 20
		7	brodée en laine écarlate	Idem.	0 45	0 30	0 09
		8	Fer de bras } en or	Idem.	0 70	0 45	0 15
		9	en argent	Idem.	0 65	0 40	0 15
		10	À numéro pour manteau d'adjudant des régiments de pontonniers	Idem.	3 55	2 15	0 75
35	' Insignes, ornements et attributs (1)	11	Grenades. (la paire) sans numéro pour manteau d'adjudant des troupes à cheval } en or	Idem.	3 35	2 05	0 70
		12	en argent	Idem.	3 25	1 95	0 65
		13	brodés en or ou en argent — Lyres. (la paire) pour manteau de sous-chef de musique de troupe à cheval	Idem.	2 50	1 50	0 50
		14	Numéros (la paire) pour manteau d'adjudant des troupes à cheval, en or à 1 chiffr.	Idem.	1 20	0 75	0 25
		15	en or à 2 chiffr.	Idem.	2 40	1 50	0 50
		16	en argent à 1 chiffr.	Idem.	1 10	0 70	0 25
		17	en argent à 2 chiffr.	Idem.	2 20	1 35	0 45
		18	Roue	Idem.	2 25	1 35	0 45
		19	Troussequin	Idem.	1 90	1 15	0 40
		20	en cannetille d'or mat sans paillette } caducée } pour tunique, capote ou dolman (la paire)	Idem.	2 10	1 25	0 40
		21	caducée } pour manteau (la paire)	Idem.	1 85	1 10	0 40

(1) Les insignes, ornements et attributs qui sont livrés par les magasins administratifs sont de la 1re portion ; ceux qui sont achetés directement par les corps ou confectionnés par eux sont de la 2e portion.

PAR UNITÉ SOMMAIRE.		PAR UNITÉ DÉTAILLÉE.		UNITÉ RÈGLEMENTAIRE	PRIX MINISTÉRIELS au CLASSEMENT		
Numéros. DÉNOMINATION.		Numéros. DÉNOMINATION.			à neuf.	en cours de durée.	d'instruction.
		22	brodée en fil d'argent... Lyre pour sergent-major clairon chef de fanfare des bataillons de chasseurs alpins (la paire)	Nombre.	2 15	1 30	0 45
		23	Étoile avec foudres (télégraphie légère et signaleurs)	Idem.	0 95	0 60	0 20
		24	brodés en soie et or ou argent... Fer de bras... avec clous en or	Idem.	0 70	0 45	0 15
		25	avec clous en argent	Idem.	0 65	0 40	0 18
		26	Haches en sautoir (pour maréchal des logis de sapeurs de cavalerie) (la paire)	Idem.	2 00	1 20	0 45
		27	Locomotive	Idem.	1 55	0 95	0 38
		28	brodés en soie... Troussequin	Idem.	1 40	0 85	0 30
		29	Aérostat (sous-officier de sapeurs aérostiers du génie)	Idem.	1 20	0 75	0 28
		30	brodés en fil. Caducée. Sections d'infirmiers militaires (la paire)	Idem.	0 55	0 35	0 11
35	Insignes, ornements et attributs (Suite).	31	Foudres (la paire)	Idem.	0 95	0 60	0 20
		32	Étoile avec foudres (télégraphie légère et signaleurs)	Idem.	0 40	0 25	0 08
		33	brodés en laine... Caducées (École de médecine du Val-de-Grâce)... pour collet (la paire)	Idem.	0 75	0 45	0 15
		34	pour képi	Idem.	0 30	0 20	0 06
		35	en drap soutaché... Fer de bras... 1er aide-maréchal ferrant... en or	Idem.	0 45	0 30	0 09
		36	en argent	Idem.	0 40	0 25	0 08
		37	2e aide-maréchal ferrant... en or	Idem.	0 35	0 25	0 07
		38	en argent	Idem.	0 30	0 20	0 06
		39	en drap brodé... Lyre pour musiciens. en or (la paire)	Idem.	0 75	0 45	0 15
		40	en argent (la paire)	Idem.	0 65	0 40	0 15
		41	Collier, étoile, fer de bras, roue	Idem.	0 10	0 06	0 02
		42	Aérostat, locomotive	Idem.	0 21	0 13	0 04
		43	découpés en drap... Grenade	Idem.	0 06	»	»
		44	Troussequin	Idem.	0 10	0 06	0 02
		45	Grenades à numéros pour pontonniers (la paire)	Idem.	0 15	0 10	0 03

CLASSIFICATION DES MATIÈRES ET EFFETS

PAR UNITÉ SOMMAIRE.		PAR UNITÉ DÉTAILLÉE.		UNITÉ RÉGLEMENTAIRE	PRIX MINISTÉRIELS au CLASSEMENT		
Numéros. / Dénomination.	Numéros.	Dénomination.			neuf.	en cours de durée.	d'instruction.
35 — Insignes, ornements et attributs...... (Suite).	46	Attributs de sapeur (la paire) découpés en drap.... (Suite.) — ouvrier d'art. cavalerie .	Nombre.	0 22	0 13	0 05
	47	infanterie.	Idem.	0 23	0 14	0 05
	48	porteur d'outils (chasseurs à pied).........	Idem.	0 22	0 13	0 05
	49	Chiffres pour effets d'habillement divers.............	Idem.	0 03	»	»
	50	Pattes mobiles avec galons de grade pour bourgeron, veste en toile des régiments de pontonniers (la paire). — pour maréchal des logis chef... avec soutache d'ancienneté.	Idem.	1 67	1 00	0 33
	51	sans soutache d'ancienneté.	Idem.	1 47	0 88	0 30
	52	pour maréchal des logis...... avec soutache d'ancienneté.	Idem.	1 00	0 60	0 20
	53	sans soutache d'ancienneté.	Idem.	0 80	0 48	0 16
	54	pour brigadier fourrier......	Idem.	0 90	0 55	0 18
	55	Divers.............	Idem.	»	»	»
36 — Passementerie....	1	Cordonnet... pour képi. blanc.............	Mètre.	0 04	»	»
	2	bleu de ciel..........	Idem.			
	3	bleu foncé............	Idem.			
	4	écarlate..............	Idem.			
	5	jonquille.............	Idem.			
	6	rond..... en fil noir............	Idem.	0 03	»	»
	7	en laine noire.........	Idem.	0 04	»	»
	8	grosse....... en mohair noir ...	Idem.	0 35	0 20	0 07
	9	blanche ..	Idem.	0 17	0 10	0 03
	10	écarlate ..	Idem.	0 20	0 12	0 04
	11	garance ..	Idem.	0 20	0 12	0 04
	12	carrée.... noire	Idem.	0 17	0 10	0 03
	13	petite...... garance ..	Idem.			
	14	Gause....... jonquille .	Idem.	0 11	0 06	0 02
	15	noire.....	Idem.			
	16	ronde.... en fil noir............	Idem.	0 10	0 06	0 02
	17	en soie noire (lacets de pantalons de zouaves et tirailleurs)...........	Idem.	0 15	0 10	0 03

| | | | CLASSIFICATION DES MATIÈRES ET EFFETS | | UNITÉ RÉGLE- | PRIX MINISTÉRIELS au CLASSEMENT | | |
| PAR UNITÉ SOMMAIRE. | | PAR UNITÉ DÉTAILLÉE. | | | | | | |
Numéros.	DÉNOMINATION.	Numéros.	DÉNOMINATION.		MENTAIRE	neuf.	en cours de durée.	d'instruction.
		18	en laine	blanche	Mètre.	0 13	0 08	0 03
		19		bleu foncé	Idem.	0 06	0 04	0 01
		20		jonquille	Idem.	0 06	0 04	0 01
		21		noire	Idem.	0 13	0 08	0 03
		22	Soutache — en mohair noir	de 1^{mm},5	Idem.	0 15	0 10	0 03
		23		de 6^{mm}	Idem.	0 22	0 15	0 04
		24	en soie	et argent	Idem.	0 90	0 55	0 20
		25		et or	Idem.	1 10	0 65	0 25
		26		noire	Idem.	0 15	0 10	0 03
		27	Torsade en câblé de laine de diverses nuances	grosse	Idem.	0 10	0 06	0 02
		28		petite	Idem.	0 05	0 03	0 01
		29		mélangée argent, de 3^{mm}	Idem.	0 60	0 35	0 12

| | | | CLASSIFICATION DES MATIÈRES ET EFFETS | | UNITÉ RÉGLE- | PRIX MINISTÉRIELS au CLASSEMENT | | |
| PAR UNITÉ SOMMAIRE. | | PAR UNITÉ DÉTAILLÉE. | | | | | | |
Numéros.	DÉNOMINATION.	Numéros.	DÉNOMINATION.		MENTAIRE	neuf.	en cours de durée.	d'instruction.
36	" Passementerie. (Suite.)	30	en soie ou en mohair plate	mélangée or, de 3^{mm}	Idem.	0 75	0 45	0 15
		31		en mohair noir	Idem.	0 25	0 15	0 05
		32	en mohair noir dite « soubise hussard »		Idem.	0 35	0 20	0 07
		33	Tresse	blanche	Idem.			
		34		écarlate	Idem.			
		35	carrée	garance	Idem.	0 20	0 12	0 04
		36		jonquille	Idem.			
		37		noire	Idem.			
		38	en laine	à losanges tricolores	Idem.	0 16	0 10	0 03
		39		blanche	Idem.	0 15	0 10	0 03
		40	plate	écarlate	Idem.			
		41		garance	Idem.	0 08	0 05	0 02
		42		jonquille	Idem.			
		43		noire	Idem.	0 15	0 10	0 03
		44	Divers		Idem.	»	»	»

CLASSIFICATION DES MATIÈRES ET EFFETS

PAR UNITÉ SOMMAIRE.		PAR UNITÉ DÉTAILLÉE.		UNITÉ RÉGLE-MENTAIRE	PRIX MINISTÉRIELS au CLASSEMENT		
Numéros.	DÉNOMINATION.	Numéros.	DÉNOMINATION.		neuf.	en cours de durée.	d'instruction.
37	" Pattes et écussons.	1	Pattes pour collets droits ou écussons pour collets rabattus (la paire) — en drap. — à 1 chiffre ou attribut...	Nombre.	0 15	0 10	0 03
		2	à 2 chiffres ou à 1 chiffre avec lettre	Idem.	0 20	0 12	0 04
		3	à 3 chiffres ou à 2 chiffres avec lettre	Idem.	0 25	0 15	0 05
		4	à grenade ou étoile	Idem.	0 20	0 12	0 04
		5	en velours. — à grenade à numéro	Idem.	0 20	0 12	0 04
		6	à 1 chiffre	Idem.	0 25	0 15	0 05
		7	à 2 chiffres	Idem.	0 30	0 20	0 06
		8	Diverses	Idem.	»	»	»
		9	Écussons pour képis. — à 1 chiffre ou attribut	Idem.	0 05	0 03	0 01
		10	à 2 chiffres ou à 1 chiffre avec lettre	Idem.	0 10	0 06	0 02
		11	à 3 chiffres ou à 2 chiffres avec lettre	Idem.	0 15	0 10	0 03
		12	à grenade ou étoile	Idem.	0 06	0 04	0 01
		13	Divers	Idem.	»	»	»
38	" Rubans de médailles	1	Chine	Mètre.	2 30	»	»
		2	Crimée, Baltique	Idem.	1 40	»	»
		3	Italie	Idem.	1 90	»	»
		4	Mentana	Idem.	1 40	»	»
		5	Mexique	Idem.	3 25	»	»
		6	Sauvetage	Idem.	1 75	»	»
		7	Tonkin	Idem.	1 55	»	»
		8	Madagascar	Idem.	»	»	»
		9	Dahomey	Idem.	»	»	»
		10	Coloniale	Idem.	»	»	»
		11	Divers	Idem.	»	»	»

§ 3. — *Effets de coiffure.*

PAR UNITÉ SOMMAIRE.		PAR UNITÉ DÉTAILLÉE.		UNITÉ RÉGLE-MENTAIRE	neuf.	en cours de durée.	d'instruction.
39	" Bérets pour bataillons de chasseurs alpins	»	Divers	Nombre.	2 60	2 10	0 50
40	Calottes	1	de campagne et de corvée (galons non compris). — Cavalerie de l'intérieur. — Cuirassiers et dragons	Idem.	2 15	1 75	0 45
		2	Chasseurs et hussards	Idem.	1 95	1 60	0 40

CLASSIFICATION DES MATIÈRES ET EFFETS

PAR UNITÉ SOMMAIRE		PAR UNITÉ DÉTAILLÉE		UNITÉ RÉGLE-MENTAIRE	PRIX MINISTÉRIELS au CLASSEMENT		
Numéros. / DÉNOMINATION.		Numéros. / DÉNOMINATION.			neuf.	en cours de durée.	d'instruction.
40	Calottes. (Suite.)	3	" de campagne et de corvée (galons non compris). (Suite.) — Artillerie et sapeurs conducteurs du génie	Nombre.	1 95	1 60	0 40
		4	Train des équipages	Idem.	1 95	1 50	0 35
		5	" d'écurie en toile	Idem.	0 35	0 30	0 07
		6	" de travail en drap (commis et ouvriers militaires d'administration)	Idem.	1 50	1 10	0 30
		7	" de coton	Idem.	0 25	0 20	0 05
		8	Diverses	Idem.	»	»	»
41	" Casques	1	Modèle général (A)	Idem.	19 50	15 60	3 90
		2	En liège, av. jugul^re, à l'usage des troupes de la marine	Idem.	5 70	»	»
		3	Divers	Idem.	»	»	»
42	" Chéchias	1	Chasseurs d'Afrique et cavaliers de remonte (Algérie).	Idem.	1 90	1 50	0 40
		2	Zouaves et tirailleurs	Idem.	2 00	1 60	0 40
		3	Diverses	Idem.	»	»	»
43	" Képis (sans la jugulaire en métal et les boutons de jugulaire pour sous-officiers)	1	Infanterie de ligne, chasseurs à pied, infanterie légère d'Afrique, compagnies de discipline (cadre), régiments étrangers, secrétaires d'état-major, commis et ouvriers militaires d'administration, cadre de l'École d'administration, infirmiers militaires. — avec carcasse et basane, entière — Sous-officier	Idem.	3 50	2 80	0 70
		2	avec carcasse et basane, entière — Soldat	Idem.	3 30	2 65	0 65
		3	avec carcasse et basane, réduite — Sous-officier	Idem.	2 95	2 40	0 60
		4	avec carcasse et basane, réduite — Soldat	Idem.	2 95	2 40	0 60
		5	sans carcasse avec basane, entière — Sous-officier	Idem.	3 30	2 65	0 65
		6	sans carcasse avec basane, entière — Soldat	Idem.	3 10	2 50	0 60
		7	sans carcasse avec basane, réduite — Sous-officier	Idem.	3 10	2 50	0 60
		8	sans carcasse avec basane, réduite — Soldat	Idem.	2 95	2 40	0 60
		9	Compagnies de discipline — avec carcasse	Idem.	2 95	2 40	0 60
		10	Compagnies de discipline — sans carcasse avec basane entière	Idem.	2 80	2 25	0 60
		11	Cavaliers de remonte et cavaliers de manège — avec carcasse et basane entière — Sous-officier	Idem.	3 25	2 60	0 65
		12	Cavaliers de remonte et cavaliers de manège — avec carcasse et basane entière — Soldat	Idem.	3 25	2 60	0 63

(A) On devra ajouter, aux prix déterminés pour les casques du modèle général, savoir :
Pour les cuirassiers : une houpette (Voir le n° 51-36). — Pour les dragons : un bouton à tige (Voir le n° 51-12).

CLASSIFICATION DES MATIÈRES ET EFFETS

PAR UNITÉ SOMMAIRE.		PAR UNITÉ DÉTAILLÉE.			UNITÉ RÈGLEMENTAIRE	PRIX MINISTÉRIELS au CLASSEMENT		
Numéros. — DÉNOMINATION.		Numéros. — DÉNOMINATION.				neuf.	en cours de durée.	d'instruction.
43	Képis (sans la jugulaire en métal et les boutons de jugulaire, pour sous-officier)........ (Suite.)	13	Cavaliers de remonte et cavaliers de manège... (Suite.)	sans carcasse avec basane entière... } Sous-officier.	Nombre.	3 30	2 65	0 65
		14		} Soldat.......	Idem.	3 40	2 50	0 60
		15	Cuirassiers, dragons, chasseurs, hussards, École d'application de cavalerie et cadre de l'École militaire préparatoire de cavalerie........	sans carcasse avec basane entière... } Sous-officier.	Idem.	3 00	2 40	0 60
		16		} Soldat.......	Idem.	3 00	2 40	0 60
		17		avec carcasse et basane entière. } Sous-officier..	Idem.	3 25	2 60	0 65
		18	Artillerie, génie, train des équipages........	} Soldat.......	Idem.	3 25	2 60	0 65
		19		sans carcasse avec basane entière... } Sous-officier.	Idem.	3 30	2 65	0 65
		20		} Soldat.......	Idem.	3 40	2 50	0 60
		21	Divers........		Idem.	»	»	»

PAR UNITÉ SOMMAIRE.		PAR UNITÉ DÉTAILLÉE.		UNITÉ RÈGLEMENTAIRE	PRIX MINISTÉRIELS au CLASSEMENT		
Numéros. — DÉNOMINATION.		Numéros. — DÉNOMINATION.			neuf.	en cours de durée.	d'instruction.
44	Shakos et casquettes........	1	Shakos sans plaque.... { Infanterie de ligne et chasseurs à pied.	Idem.			
		2	Commis et ouvriers militaires d'administration, infirmiers militaires et secrétaires d'état-major et de recrutement....	Idem.	8 25	6 60	1 65
		3	Chasseurs à cheval.............	Idem.	12 95	10 40	2 60
		4	Hussards.............	Idem.	13 30	10 65	2 70
		5	École d'application de cavalerie et cadre de l'École militaire préparatoire de cavalerie.............	Idem.	9 40	7 50	1 90
		6	Artillerie et génie.............	Idem.	8 40	6 70	1 70
		7	Train des équipages militaires.......	Idem.	10 95	8 75	2 20
		8	Tambour-major.............	Idem.	22 50	18 00	4 50
		9	Divers.............	Idem.	»	»	»
		10	Casquettes... { Chasseurs d'Afrique.............	Idem.	5 65	4 55	1 15
		11	Cavaliers de remonte.............	Idem.	5 25	4 20	1 05
		12	Diverses.............	Idem.	»	»	»
45	Toques........	1	en toile blanche.............	Idem.	0 55	0 45	0 10
		2	en toile bleue.............	Idem.	0 70	0 60	0 15
		3	en toile cachou.............	Idem.	0 75	0 60	0 15
		4	diverses.............	Idem.	»	»	»

CLASSIFICATION DES MATIÈRES ET EFFETS

PAR UNITÉ SOMMAIRE.		PAR UNITÉ DÉTAILLÉE.		UNITÉ RÈGLE-MENTAIRE	PRIX MINISTÉRIELS au CLASSEMENT		
Numéros.	DÉNOMINATION.	Numéros.	DÉNOMINATION.		neuf.	en cours de durée.	d'instruction.
46	" Turbans	1	Zouaves et tirailleurs algériens	Nombre.	4 70	3 75	0 95
		2	Divers	Idem.	»	»	»
47	" Effets de coiffure et accessoires d'effets de coiffure spéciaux à l'usage des spahis	1	Chéchias sans gland	Idem.	2 25	1 80	0 45
		2	Cordes en poil de chameau	Idem.	7 50	6 00	1 50
		3	Couvre chéchia	Idem.	0 50	0 40	0 10
		4	Distinctives des escadrons	Idem.	3 00	2 40	0 60
		5	Gandourahs	Idem.	3 00	2 40	0 60
		6	Glands de chéchias { Sous-officier	Idem.	1 80	1 45	0 35
		7	{ Soldat	Idem.	1 35	1 10	0 30
		8	Turbans	Idem.	3 40	2 50	0 65
		9	Divers	Idem.	»	»	»
			§ 4. — *Pièces et accessoires d'effets de coiffure.*	Idem.			
		1	Artillerie { Blanche	Idem.			
		2	{ Ecarlate	Idem.	1 55	1 25	0 35
48	" Aigrettes et accessoires	3	Coquillage bleu foncé et crins écarlates	Idem.			
		4	Train des équipages — Garance	Idem.			
		5	Etui d'aigrette	Idem.	0 15	0 12	0 03
		6	Diverses	Idem.	»	»	»
49	" Couvre	1	Nuque { en coton	Idem.	0 35	0 30	0 07
		2	{ en coton écru pour les troupes de la marine	Idem.	0 80	»	»
		3	{ en toile caoutchoutée	Idem.	0 40	0 30	0 02
		4	Casquette	Idem.	0 40	0 30	0 08
		5	Divers	Idem.	»	»	»
50	" Glands pour chéchias	1	Zouaves et tirailleurs { Sous-officier	Idem.	2 30	1 85	0 45
		2	{ Soldat	Idem.	1 65	1 35	0 35
		3	Chasseurs d'Afrique et cavaliers de remonte (Algérie) { Sous-officier	Idem.	0 95	0 75	0 20
		4	{ Soldat	Idem.	0 70	0 55	0 15
		5	Divers	Idem.	»	»	»
51	" Pièces et accessoires divers (au nombre)	1	Aileron { de droite	Idem.	0 65	0 50	0 15
		2	{ de gauche	Idem.			
		3	de casque { complet	Idem.	1 30	1 05	0 25
		4	{ Ardillon de boucle de jugulaire	Idem.	0 01	»	»

CLASSIFICATION DES MATIÈRES ET EFFETS					UNITÉ RÈGLE-MENTAIRE	PRIX MINISTÉRIELS au CLASSEMENT		
PAR UNITÉ SOMMAIRE.		PAR UNITÉ DÉTAILLÉE.						
Numéros.	DÉNOMINATION.	Numéros.	DÉNOMINATION.			neuf.	en cours de durée.	d'instruction.
		5	Bande....	en cuivre pour pelleterie (A. M.).............	Nombre.	0 10	0 08	0 02
		6		de vache pour intérieur (A. M.)............	Idem.	1 00	0 80	0 20
		7		de recouvrement........	Idem.	0 13	0 10	0 02
		8	Bandeau en cuivre.................		Idem.	0 75	0 60	0 15
		9	Basane de visière..........		Idem.	0 11	0 08	0 02
		10	Bombe nue..........		Idem.	2 75	2 20	0 55
		11	Boucle en cuivre..........		Idem.	0 05	0 04	0 01
		12	Boutons..	à tige........	Idem.	0 15	0 12	0 03
		13		à vis	Idem.	0 15	0 12	0 03
		14	Cache-nuque.	complet............	Idem.	1 15	0 90	0 25
		15		sans cercle ni basane....	Idem.	0 50	0 40	0 10
		16		en fer-blanc pour bombe.	Idem.	0 11	0 08	0 02

CLASSIFICATION DES MATIÈRES ET EFFETS					UNITÉ RÈGLE-MENTAIRE	PRIX MINISTÉRIELS au CLASSEMENT		
PAR UNITÉ SOMMAIRE.		PAR UNITÉ DÉTAILLÉE.						
Numéros.	DÉNOMINATION.	Numéros.	DÉNOMINATION.			neuf.	en cours de durée.	d'instruction.
51	·· Pièces et accessoi-res divers au (nom-bre) (Suite).	17	Cercle ...	de visière............	Idem.	0 30	0 25	0 06
		18		de cache-nuque.........	Idem.	0 30	0 25	0 06
	de casque ... (Suite).	19	Chaine de jugulaire ..	côté droit (A. M.)......	Idem.	0 50	0 40	0 10
		20		côté gauche (A. M.)....	Idem.	0 40	0 30	0 08
		21	Cimier..................		Idem.	2 75	2 20	0 55
		22	Coiffe intérieure.................		Idem.	0 45	0 35	0 09
		23	Coussin ouaté............		Idem.	0 20	0 15	0 04
		24	Couvre-casque en toile de coton....		Idem.	0 30	0 25	0 06
		25	Crinière..	sous-officier et soldat ...	Idem.	3 00	2 40	0 60
		26		trompette...........	Idem.	4 25	3 40	0 85
		27	Cuir.....	de jugulaire...........	Idem.	0 80	0 65	0 15
		28		de vache à l'eau passée ..	Idem.	0 30	0 25	0 06
		29	Douille...	à queue............	Idem.	0 11	0 08	0 02
		30		de houpette	Idem.	0 35	0 30	0 07
		31	Écrou....	cambré en fer	Idem.	0 06	0 05	0 01
		32		carré........ en cuivre.	Idem.	0 05	0 04	0 01
		33		en fer....	Idem.	0 04	»	»

| CLASSIFICATION DES MATIÈRES ET EFFETS | | | | UNITÉ RÉGLEMENTAIRE | PRIX MINISTÉRIELS au CLASSEMENT | | |
| PAR UNITÉ SOMMAIRE. | | PAR UNITÉ DÉTAILLÉE. | | | | | |
Numéros.	DÉNOMINATION.	Numéros.	DÉNOMINATION.		neuf.	en cours de durée.	d'instruction.
		34	Ecrou. *(Suite)*. { enchâssé	Nombre.	0 06	0 05	0 04
		35	Goutte de suif pour tige	*Idem.*	0 02	»	»
		36	Houpette { complète	*Idem.*	1 55	1 25	0 30
		37	Houpette { incomplète (crin seul)	*Idem.*	0 55	0 45	0 10
		38	Jugulaire nouveau modèle	*Idem.*	2 35	1 90	0 50
		39	Lentille	*Idem.*	0 45	0 35	0 09
		40	Masque seul	*Idem.*	0 80	0 65	0 15
		41	OEillet { de bande de pelleterie	*Idem.*	0 01	»	»
		42	OEillet { de jugulaire	*Idem.*	0 02	»	»
		43	Partie { en fer-blanc	*Idem.*	0 20	0 15	0 04
		44	Partie { du milieu	*Idem.*	0 01	»	»
		45	Passe-lacet	*Idem.*	0 02	»	»
		46	Plaque de recouvrement de cimier	*Idem.*	0 20	0 15	0 04

| CLASSIFICATION DES MATIÈRES ET EFFETS | | | | UNITÉ RÉGLEMENTAIRE | PRIX MINISTÉRIELS au CLASSEMENT | | |
| PAR UNITÉ SOMMAIRE. | | PAR UNITÉ DÉTAILLÉE. | | | | | |
Numéros.	DÉNOMINATION.	Numéros.	DÉNOMINATION.		neuf.	en cours de durée.	d'instruction.
51	'' Pièces et accessoires divers (au nomtre) (*Suite.*)	47	de casque (*Suite.*) { Porte-plumet	*Idem.*	0 30	0 25	0 06
		48	Rivet pour boucle de jugulaire	*Idem.*	0 05	0 04	0 01
		49	Rondelle	*Idem.*			
		50	Rosace en cuivre	*Idem.*	0 35	0 30	0 07
		51	Tige taraudée	*Idem.*	0 11	0 08	0 02
		52	Turban { noir	*Idem.*	2 35	1 90	0 50
		53	Turban { tigré	*Idem.*	2 65	2 10	0 55
		54	Vis { de cimier	*Idem.*			
		55	Vis { de crinière	*Idem.*			
		56	Vis { en fer { pour fixer la visière	*Idem.*	0 05	0 04	0 01
		57	Vis { en fer { pour turban intérieur	*Idem.*			
		58	Vis { de jugulaire	*Idem.*			
		59	Visière complète	*Idem.*	0 90	0 70	0 20
		60	Divers	*Idem.*	»	»	»
	de képi	61	Attributs pour képi de 1re tenue de la troupe { Infanterie (grenade)	*Idem.*	0 25	0 20	0 05
		62	Chasseurs à pied (cor de chasse)	*Idem.*	0 25	0 20	0 05

CLASSIFICATION DES MATIÈRES ET EFFETS

PAR UNITÉ SOMMAIRE.		PAR UNITÉ DÉTAILLÉE.		UNITÉ RÉGLE-MENTAIRE	PRIX MINISTÉRIELS au CLASSEMENT		
Numéros.	DÉNOMINATION.	Numéros.	DÉNOMINATION.		neuf.	en cours de durée.	d'ins-truction.
		63	Attributs pour képi de 1re tenue de la troupe (suite) — Secrét^res d'état-major (foudre d'ét.-maj.)	Nombre.	0 25	0 20	0 03
		64	Commis et ouvriers, infirmiers milit^res, École d'adminis-trat. (cadre) (étoile à 5 branches)....	Idem.	0 25	0 20	0 03
		65	Basane — entière	Idem.	0 40	0 30	0 08
		66	Basane — réduite	Idem.	0 20	0 15	0 04
		67	Bouton demi-sphérique — en plaqué d'or	Idem.	0 10	0 08	0 02
		68	en métal d'argent	Idem.	0 13	0 10	0 02
		69	Calot en carton de papier végétal....	Idem.	0 10	0 08	0 02
		70	Carcasse en toile de lin écrue impré-gnée de l'enduit russe	Idem.	0 20	0 15	0 04
		71	Cocarde sans bouton	Idem.	0 10	0 08	0 02
		72	de képi — Coiffe intérieure	Idem.	0 55	0 45	0 10
51	" Pièces et accessoi-res divers (au nom-bre) (Suite.)	73	(Suite.) Fausse jugulaire avec les petits boutons — en galon d'or de 6^mm, trait côtelé	Idem.	0 65	0 55	0 15
		74	en galon d'argent de 6^mm, trait côtelé	Idem.	0 60	0 50	0 12
		75	Gousset porte-pompon	Idem.	0 05	0 04	0 01
		76	Jugu-laire — à coulisse, en cuir verni noir.	Idem.	»	»	»
		77	bordée d'une soutache de 2^mm, soie rouge et argent	Idem.	0 85	0 70	0 20
		78	ordinaire, pour la troupe....	Idem.	0 12	0 10	0 02
		79	Manchon en toile de coton	Idem.	0 20	0 15	0 04
		80	Mentonnière	Idem.	0 40	0 30	0 08
		81	Toile enduite pour calot	Idem.	0 08	0 06	0 02
		82	Ventouse	Idem.	0 06	0 05	0 01
		83	Divers	Idem.	»	»	»
		84	de shako et de casquette — Agrafe en fer verni noir	Idem.	0 03	»	»
		85	Bandeau en drap	Idem.	0 60	0 50	0 10
		86	Boucle de mentonnière en fer verni noir	Idem.	0 02	»	»
		87	Bourdaloue en cuir verni — en un morceau	Idem.	0 45	0 35	0 09
		88	en 2 morceaux — le devant	Idem.	0 25	0 20	0 05
		89	le derrière	Idem.	0 35	0 30	0 07

| | CLASSIFICATION DES MATIÈRES ET EFFETS | | | UNITÉ | PRIX MINISTÉRIELS au CLASSEMENT | | |
| PAR UNITÉ SOMMAIRE. | | PAR UNITÉ DÉTAILLÉE. | | RÉGLE- | | | |
Numéros.	DÉNOMINATION.	Numéros.	DÉNOMINATION.	MENTAIRE	neuf.	en cours de durée.	d'instruction.
		90	Bourdaloue.. (Suite.) { en carton en 2 morceaux	Nombre.	0 02	»	»
		91	Bride intérieure porte-coiffe	Idem.	0 08	0 06	0 02
		92	Calot.... { en carton de papier végétal.	Idem.	0 10	0 08	0 02
		93	Calot.... { en cuir verni noir	Idem.	0 90	0 70	0 20
		94	Carcasse . { en carton de papier végétal	Idem.	0 70	0 55	0 15
		95	Carcasse . { en cuir entoilée et laquée.	Idem.	2 35	1 90	0 50
		96	Carton p^r carcasse de casquette, la f^lle	Idem.	0 40	0 30	0 08
		97	Cercle en tôle d'acier	Idem.	0 30	0 25	0 06
		98	Chaînette en cuivre	Idem.	1 75	1 40	0 35
		99	Chevron en cuir verni noir	Idem.	0 20	0 15	0 04
		100	Clavette en fer pour gaine	Idem.	0 01	»	»
		101	Cocarde.. { avec bouton	Idem.	0 15	0 12	0 03
		102	Cocarde.. { sans bouton	Idem.	0.10	0.08	0.02
51	" Pièces et accessoires divers (au nombre) (Suite).	103	Coiffe intérieure { de shako	Idem.	0 60	0 50	0 10
		104	Coiffe intérieure { de casquette	Idem.	0 50	0 40	0 10
	de shako et de casquette (Suite.)	105	"Cor de chasse pour shako ou casquette { en cuivre neuf	Idem.	0 25	0 20	0 05
		106	"Cor de chasse pour shako ou casquette { en transformation	Idem.	0 20	0 15	0 04
		107	Crochet en fer pour arrêt de chaînette.	Idem.	0 03	»	»
		108	Dé de mentonnière en fer verni noir.	Idem.	0 02	»	»
		109	Dessus de calot en drap	Idem.	0 30	0 25	0 06
		110	En-chapure { de boucle de mentonnière.	Idem.	0 02	»	»
		111	En-chapure { de dé de mentonnière	Idem.			
		112	Enveloppe de jonc en basane	Idem.	0 10	0 08	0 02
		113	Etoile pour shako	Idem.	0 20	0 15	0 04
		114	Gaine en cuivre pour attache de tête de lion	Idem.	0 12	0 10	0 02
		115	Gousset porte-pompon { pour shako	Idem.	0 03	»	»
		116	Gousset porte-pompon { pour casquette	Idem.	0 07	0 05	0 01
		117	Grenade pour shako	Idem.	0 20	0 15	0 05
		118	Jonc..... { de calot avec tube	Idem.	0 07	0 05	0 01
		119	Jonc..... { avec enveloppe	Idem.	0 20	0 15	0 04
		120	Jonc..... { sans enveloppe	Idem.	0 10	0 08	0 02

CLASSIFICATION DES MATIÉRES ET EFFETS

PAR UNITÉ SOMMAIRE.		PAR UNITÉ DÉTAILLÉE.		UNITÉ RÉGLEMENTAIRE	PRIX MINISTÉRIELS au CLASSEMENT		
Numéros.	DÉNOMINATION.	Numéros.	DÉNOMINATION.		neuf.	en cours de durée.	d'instruction.
		121	Jugulaire mentonnière. { en cuir... { en 2 pièces..	Nombre.	0 40	0 30	0 08
		122	en une seule pièce.....	Idem.	0 35	0 30	0 07
		123	avec chaînette........	Idem.	1 90	1 50	0 40
		124	Jugulaire pour casquette........	Idem.	0 40	0 30	0 08
		125	Lanière mobile........	Idem.	0 01	»	»
		126	Manchon. { en drap découpé. { bleu foncé. { infanterie.	Idem.	0 55	0 45	0 10
		127	artillerie et génie..	Idem.	0 65	0 50	0 15
		128	bleu de ciel.....	Idem.	0 50	0 40	0 10
		129	garance........	Idem.	0 65	0 50	0 15
		130	en toile de coton........	Idem.	0 20	0 15	0 04
51	'' Pièces et accessoires divers (au nombre)...........	131	de shako et de casquette. { Nœud hongrois en soutache blanche de poil de chèvre........	Idem.	0 07	0 05	0 01
		132	Numéro en cuivre (pour shako.....	Idem.			

CLASSIFICATION DES MATIÉRES ET EFFETS

PAR UNITÉ SOMMAIRE.		PAR UNITÉ DÉTAILLÉE.		UNITÉ RÉGLEMENTAIRE	PRIX MINISTÉRIELS au CLASSEMENT		
Numéros.	DÉNOMINATION.	Numéros.	DÉNOMINATION.		neuf.	en cours de durée.	d'instruction.
	(Suite).	133	(Suite.) ou en maillechort } pour casquette..	Idem.	0 12	0 40	0 02
		134	Œillet en cuivre pour tenon de plaque.	Idem.	0 01	»	»
		135	Passant en cuir........	Idem.			
		136	Plaque de shako. { Service d'état-major.....	Idem.	0 20	0 15	0 04
		137	Génie......	Idem.	0 40	0 30	0 08
		138	Artillerie.........	Idem.			
		139	Porte-plumet........	Idem.	0 50	0 40	0 10
		140	Pourtour en cuir verni noir........	Idem.	0 35	0 30	0 07
		141	Rondelle.......	Idem.	0 01	»	»
		142	Tête de lion en cuivre.....	Idem.	0 45	0 12	0 03
		143	Ventouse........	Idem.	0 06	0 05	0 01
		144	divers........	Idem.	»	»	»
		1	Galon de laine pour shako. { de pourtour... { 20mm..... { blanc......	Mètre.			
		2	écarlate.....	Idem.	0 35	0 30	0 07
52	'' Pièces et accessoires divers (au mètre)...........	3	garance.....	Idem.			
		4	jonquille...	Idem.			
		5	28mm..... { blanc......	Idem.	0 45	0 35	0 09
		6	noir........	Idem.			

CLASSIFICATION DES MATIÈRES ET EFFETS

PAR UNITÉ SOMMAIRE.		PAR UNITÉ DÉTAILLÉE.		UNITÉ RÈGLE-MENTAIRE	PRIX MINISTÉRIELS au CLASSEMENT		
Numéros. DÉNOMINATION.		Numéros. DÉNOMINATION.			neuf.	en cours de durée.	d'instruction.
52	" Pièces et accessoires divers (au mètre). (Suite).	7	Galon de laine pour shako. (Suite.) } de chevron, 20^{mm}, écarlate rayé de noir	Mètre.	0 50	0 40	0 10
		8	Ganse en laine pour cocarde	Idem.	0 15	0 12	0 03
		9	Tresse ou cordonnet en laine pour shako	Idem.	0 06	0 05	0 01
		10	divers	Idem.	»	»	»
53	" Plumets, olives pour plumets et accessoires	1	Plumets } Cuirassiers	Nombre.	1 50	1 20	0 30
		2	Dragons	Idem.	1 40	1 10	0 30
		3	Chasseurs et hussards	Idem.	1 20	0 95	0 25
		4	Ecole d'application de cavalerie et cadre de l'Ecole militaire préparatoire de cavalerie	Idem.	3 00	2 40	0 60
		5	divers	Idem.	»	»	»
		6	Etui de plumet	Idem.	0 15	0 12	0 03
		7	Olives pour plumets	Idem.	0 25	0 20	0 05
		8	divers	Idem.	»	»	»
54	" Pompons	1	pour shako.. } à flamme	Idem.	0 60	0 50	0 10
		2	sans flamme	Idem.	0 35	0 30	0 07
		3	olive	Idem.	0 50	0 40	0 10
		4	pour képi de 1re tenue	Idem.	0 40	0 35	0 08
		5	divers	Idem.	»	»	»
55	" Visières	1	Carrée à gorge	Idem.	0 85	0 70	0 20
		2	Ronde à gorge	Idem.	0 65	0 55	0 15
		3	Cerclée en cuivre	Idem.	1 30	1 05	0 25
		4	Diverses	Idem.	»	»	»

§ 5. — *Effets de chaussure.*

PAR UNITÉ SOMMAIRE.		PAR UNITÉ DÉTAILLÉE.		UNITÉ RÈGLE-MENTAIRE	PRIX MINISTÉRIELS au CLASSEMENT		
Numéros. DÉNOMINATION.		Numéros. DÉNOMINATION.			neuf.	en cours de durée.	d'instruction.
56	" Chaussures	1	Bottes } du modèle général } avec éperons.	Paire.	16 20	9 70	3 25
		2	sans éperons.	Idem.	15 40	9 25	3 10
		3	diverses	Idem.	»	»	»
		4	Bottines } avec éperons	Idem.	15 65	9 40	3 15
		5	sans éperons	Idem.	14 95	9 00	3 00
		6	diverses	Idem.	»	»	»

CLASSIFICATION DES MATIÈRES ET EFFETS

PAR UNITÉ SOMMAIRE.		PAR UNITÉ DÉTAILLÉE.		UNITÉ RÉGLE-MENTAIRE	PRIX MINISTÉRIELS au CLASSEMENT		
Numéros.	DÉNOMINATION.	Numéros.	DÉNOMINATION.		neuf.	en cours de durée.	d'instruction.
56	" Chaussures (Suite.)	7	Brodequins pour tirailleurs méharistes	Paire.	8 75	5 25	1 75
		8	napolitains	Idem.	12 45	7 50	2 50
		9	Brodequins pour troupes à cheval { avec éperons	Idem.	12 65	7 60	2 55
		10	sans éperons.	Idem.	11 95	7 20	2 40
		11	divers	Idem.	»	»	»
		12	Souliers { du modèle général	Idem.	8 25	4 95	1 65
		13	divers	Idem.	»	»	»
		14	Divers	Idem.	»	»	»
57	" Sabots	1	Galoches	Idem.	2 35	1 40	0 50
		2	Divers	Idem.	»	»	»
58	Effets de chaussure et accessoires d'effets de chaussure	1	" Bottes françaises à l'écuyère	Idem.	24 75	14 85	4 95
		2	" Éperons à la chevalière, avec courroies et sous-pieds	Idem.	2 80	1 70	0 55
		3	" Éperons seuls	Idem.	2 35	1 40	0 50
	spéciaux à l'usage des spahis	4	" Mestres	Idem.	10 80	6 50	2 15
		5	" Souliers arabes	Idem.	7 20	4 35	1 45
		6	" Sous-pieds et courroies	Idem.	0 45	0 30	0 10
		7	Divers	Idem.	»	»	»

§ 6. — *Accessoires d'effets de chaussure.*

PAR UNITÉ SOMMAIRE.		PAR UNITÉ DÉTAILLÉE.		UNITÉ RÉGLE-MENTAIRE	neuf.	en cours de durée.	d'instruction.
59	" Chaussons	1	en basane	Paire.	1 10	0 65	0 20
		2	en drap	Idem.	0 25	0 15	0 05
		3	en laine	Idem.	1 00	0 60	0 20
		4	en lisière	Idem.	1 15	0 70	0 25
		5	divers	Idem.	»	»	»
60	" Éperons, faux éperons, cache-éperons et brides d'éperons	1	Éperons { du modèle général	Idem.	0 60	0 35	0 12
		2	à la chevalière	Idem.	2 40	1 45	0 50
		3	divers	Idem.	»	»	»
		4	Faux-éperons divers	Idem.	0 30	0 20	0 06
		5	Cache-éperons divers	Idem.	0 55	0 35	0 10
		6	Brides d'éperons { à la chevalière	Idem.	0 55	0 35	0 10
		7	diverses	Idem.	»	»	»
		8	Courroies d'éperons	Idem.	0 20	0 12	0 04

CLASSIFICATION DES MATIÈRES ET EFFETS

PAR UNITÉ SOMMAIRE.		PAR UNITÉ DÉTAILLÉE.		UNITÉ RÉGLE-MENTAIRE	PRIX MINISTÉRIELS au CLASSEMENT		
Numéros. / DÉNOMINATION.		Numéros. / DÉNOMINATION.			neuf.	en cours de durée.	d'instruction.
61	Guêtres	1	" de cuir	Paire.	3 40	2 05	0 70
		2	" de toile	Idem.	1 05	0 65	0 20
		3	diverses	Idem.	»	»	»
62	" Lacets pour brodequins	»		Idem.	0 05	0 03	»
63	" Sous-pieds	1	de guêtres : de cuir avec lanières	Idem.	0 30	0 20	0 06
		2	de toile	Idem.	0 12	0 07	0 02
		3	pour zouaves et tirailleurs	Idem.	0 50	0 30	0 10
		4	de pantalons : d'ordonnance	Idem.	0 25	0 15	0 05
		5	de cheval	Idem.			
		6	d'éperons	Idem.	0 20	0 12	0 04
		7	divers	Idem.	»	»	»

§ 7. — *Effets d'habillement spéciaux.*

			UNITÉ RÉGLE-MENTAIRE	neuf.
64	Effets spéciaux aux sous-officiers rengagés ou commissionnés ainsi qu'aux sous-officiers élèves officiers et aux élèves d'administration stagiaires.	**'Dolman** (galons de grade non compris) pour les sous-officiers rengagés.		
		Sous-officiers rengagés		
1	Dragons		Nombre.	35
2	Chasseurs		Idem.	32 15
3	Hussards		Idem.	32 10
4	Chasseurs d'Afrique		Idem.	31 95
5	Cavaliers de remonte		Idem.	33 90
6	Artillerie		Idem.	37 55
7	Train des équipages		Idem.	34 35
	Sous-officiers, élèves officiers.	Ecole d'application de cavalerie		
8	Dragons		Idem.	40 85
9	Chasseurs		Idem.	39 40
10	Hussards		Idem.	39 40
11	Chasseurs d'Afrique et spahis		Idem.	39 35
12	Cavaliers de remonte		Idem.	40 90
		Ecole militaire de l'artillerie et du génie		
13	Artillerie		Idem.	46 10
14	Train des équipages		Idem.	42 55
15	Élève d'administration stagiaire		Idem.	43 15

CLASSIFICATION DES MATIÈRES ET EFFETS

PAR UNITÉ SOMMAIRE.		PAR UNITÉ DÉTAILLÉE.		UNITÉ RÉGLE-MENTAIRE	PRIX MINISTÉRIELS au CLASSEMENT.		
Numéros. DÉNOMINATION.		Numéros.	DÉNOMINATION.		neuf.	en cours de durée.	d'instruction.
		16	" Épaulettes (paire). Sous-officier rengagé } à tournantes... { mélangées d'or.	Nombre.	7 30		
		17	mélangées d'argent.	Idem.	7 00		
		18	Sous-officier élève offi-cier } à tournantes... { mélangées d'or.	Idem.	7 30		
		19	mélangées d'argent.	Idem.	7 00		
		20	" Gilet de sous-officier rengagé..... { Zouaves	Idem.	4 70		
		21	Tirailleurs	Idem.	4 50		
		22	Spahis	Idem.	5 35		
		23	" Guêtres-jambières en drap pour sous-officier rengagé de zouaves et de tirailleurs (paire)	Idem.	5 15		
64	Effets spéciaux aux sous-officiers rengagés ou commissionnés, ainsi qu'aux sous-officiers élèves officiers et aux élèves d'administration stagiaires. (Suite.)	24	Infanterie de ligne, infanterie légère d'Afrique, compagnies de discipline, régiments étrangers, secrétaires d'état-major, commis et ouvriers militaires d'administration et infirmiers militaires	Idem.	14 60		
		25	" Pantalon d'ordonnance. Sous-officiers rengagés... Chasseurs à pied	Idem.	14 45		
		26	Zouaves	Idem.	22 00		
		27	Tirailleurs	Idem.	20 69		
		28	Cuirassiers	Idem.	16 60		
		29	Dragons, cavaliers de remonte (intérieur) et train des équipages (intérieur)	Idem.	16 20		
		30	Chasseurs et hussards	Idem.	16 00		
		31	Chasseurs d'Afrique, cavaliers de remonte (Afrique) et train des équipages (Afrique)	Idem.	22 00		
		32	Spahis	Idem.	31 75		
		33	Artillerie	Idem.	18 40		
		34	Génie.. { Sapeurs-mineurs	Idem.	17 80		
		35	Sapeurs-conducteurs	Idem.	18 05		
		36	Sous-officiers élèves officiers...... { Ecole militaire d'infanterie	Idem.	15 65		
		37	Ecole d'application de cavalerie...... { Cuirassiers, dragons et cavaliers de remonte	Idem.	17 40		

	PAR UNITÉ SOMMAIRE.		PAR UNITÉ DÉTAILLÉE.	UNITÉ	PRIX MINISTÉRIELS au CLASSEMENT		
Numéros.	DÉNOMINATION.	Numéros.	DÉNOMINATION.	RÉGLE-MENTAIRE	neuf.	en cours de durée.	d'instruction.
		38	*Pantalon d'ordonn. (Suite).* — Sous-officiers élèves officiers (Suite.) — Ecole d'application de cavalerie...... (Suite.) } Chasseurs, hussards, chasseurs d'Afrique et spahis	Nombre.	18 40		
		39	Ecole militaire de l'artillerie et du génie.. } Artillerie......	Idem.	18 70		
		40	Génie........	Idem.	18 15		
		41	Train des équipages.......	Idem.	17 30		
		42	Elève d'administration stagiaire............	Idem.	15 65		
		43	Infanterie de ligne	Idem.	32 00		
		44	Chasseurs à pied...........	Idem.	29 55		
		45	Infanterie légère d'Afrique	Idem.	30 15		
		46	Compagnies de discipline.......	Idem.	31 20		
		47	Sous-officiers rengagés (galons de non } Régiments étrangers..........	Idem.	31 20		
64	Effets spéciaux aux sous-officiers rengagés ou commissionnés ainsi qu'aux sous-officiers élèves officiers et aux élèves d'administration stagiaires....... (Suite.)	48	compris)... Secrétaires d'état-major.......	Idem.	31 60		
		49	*Tunique.* — Commis et ouvriers militaires d'administration.............	Idem.	30 45		
		50	Infirmiers militaires...........	Idem.	31 65		
		51	Cuirassiers...................	Idem.	29 15		
		52	Génie (sapeurs-mineurs et sapeurs-conducteurs).........	Idem.	33 10		
		53	Ecole militaire d'infanterie.....	Idem.	32 45		
		54	Sous officiers élèves-officiers. — Ecole d'application de cavalerie........ } Cuirassiers ..	Idem.	35 50		
		55	Ecole militaire d'artillerie et du génie...... } Génie.......	Idem.	36 10		
		56	Veste de sous-officiers rengagés (galons de grade non compris)... } Zouaves	Idem.	21 90		
		57	Tirailleurs	Idem.	20 95		
		58	Spahis........	Idem.	26 75		
		59	*Boutons.* — Sous-officiers élèves officiers, — dorés au mat. } Ecole militaire d'artillerie et du génie (élèves officiers du génie)............ } gros ..	Idem.	0 30		
		60	petits..	Idem.	0 15		
		61	plaqués or } Ecole militaire d'artillerie et du génie (élèves officiers d'artillerie)........... } gros ..	Idem.	0 16		
		62	petits ..	Idem.	0 08		

CLASSIFICATION DES MATIÈRES ET EFFETS

PAR UNITÉ SOMMAIRE.		PAR UNITÉ DÉTAILLÉE.		UNITÉ RÉGLE-MENTAIRE	PRIX MINISTÉRIELS au CLASSEMENT		
Numéros. / DÉNOMINATION.		Numéros. / DÉNOMINATION.			neuf.	en cours de durée.	d'instruction.
		63	Boutons — Sous-officiers élèves officiers (suite). plaqués or (Suite.) : Ecole militaire d'infanterie — gros	Nombre.	0 15		
		64	petits	Idem.	0 08		
		65	argentés. Ecole d'application de cavalerie : Cuirassiers — gros	Idem.	0 15		
		66	petits	Idem.	0 08		
		67	Autres subdivisions de l'arme — gros	Idem.	0 12		
		68	petits	Idem.	0 06		
		69	Ecole militaire d'artillerie et du génie (élèves officiers du train) — gros	Idem.	0 12		
		70	petits	Idem.	0 06		
		71	Elève d'administration stagiaire : dorés au mat. — gros	Idem.	0 30		
		72	petits	Idem.	0 15		
		73	" Collet brodé en or pour tunique d'élève d'administration stagiaire	Idem.	5 65		
64	Effets spéciaux aux sous-officiers rengagés ou commissionnés, ainsi qu'aux sous-officiers élèves officiers et aux élèves d'administration stagiaires........ (Suite.)	74	' Insignes, ornements et attributs. Sous-officiers élèves officiers. Grenades en or ou en argent (paire). pour manteau — en or	Idem.	1 85		
		75	en argent	Idem.	1 70		
		76	pour dolman tunique ou veste — en or	Idem.	1 60		
		77	en argent	Idem.	1 50		
		78	Elève d'administration stagiaire. Etoiles brodées en or (paire)	Idem.	1 75		
		79	" Képi sans attributs. Sous-officiers rengagés. Infanterie de ligue	Idem.	5 10		
		80	Régiments étrangers	Idem.			
		81	Compagnies de discipline	Idem.			
		82	Infirmiers militaires	Idem.			
		83	Chasseurs à pied	Idem.	5 00		
		84	Infanterie légère d'Afrique	Idem.	5 05		
		85	Commis et ouvriers militaires d'administration.	Idem.			
		86	Secrétaires d'état-major	Idem.	5 10		
		87	Cavaliers de remonte	Idem.	5 05		
		88	Artillerie	Idem.	4 85		

CLASSIFICATION DES MATIÈRES ET EFFETS

PAR UNITÉ SOMMAIRE.		PAR UNITÉ DÉTAILLÉE.		UNITÉ RÉGLE-MENTAIRE	PRIX MINISTÉRIELS au CLASSEMENT		
Numéros. DÉNOMINATION.	Numéros.	DÉNOMINATION.			neuf.	en cours de durée.	d'instruction.
	89	Sous-officiers rengagés .. (Suite.) { Génie (sapeurs-mineurs et sapeurs-conducteurs)..		Nombre.	5 15		
	90	Train des équipages.....		Idem.	4 75		
	91	Ecole militaire d'infanterie		Idem.	8 60		
	92	Cuirassiers		Idem.	7 05		
	93	Ecole d'application de cavalerie..... { Dragons et cavaliers de remonte		Idem.	8 25		
	94	Chasseurs, hussards, chasseurs d'Afrique et spahis		Idem.	8 20		
	95	Ecole militaire de l'artillerie et du génie ...... { Artillerie.......		Idem.	7 70		
	96	Train des équipages.........		Idem.	8 20		
	97	Génie..........		Idem.	8 65		
	98	Elève d'administration stagiaire........		Idem.	8 60		
64 Effets spéciaux aux							

« Képi sams attributs. (Suite.) » ; « Sous-officiers élèves officiers. »

PAR UNITÉ SOMMAIRE.		PAR UNITÉ DÉTAILLÉE.		UNITÉ RÉGLE-MENTAIRE	PRIX MINISTÉRIELS au CLASSEMENT		
Numéros. DÉNOMINATION.	Numéros.	DÉNOMINATION.			neuf.	en cours de durée.	d'instruction.
sous-officiers rengagés ou commissionnés ainsi qu'aux sous-officiers élèves officiers et aux élèves d'administration stagiaires....... (Suite.)	99	de grande tenue. { Sous-officiers élèves officiers. { Ecole militaire d'infanterie.		Idem.	1 20		
	100	Ecole militaire d'artillerie et du génie ...... { Artillerie...		Idem.	2 05		
	101	Génie......		Idem.	2 05		
	102	Train des équipages.		Idem.	0 95		
	103	Elève d'administration stagiaire....		Idem.	1 20		
	104	de petite tenue. { Sous-officiers élèves officiers. { Ecole militaire d'infanterie.		Idem.	0 60		
	105	Ecole militaire d'artillerie et du génie ...... { Artillerie et génie.....		Idem.	0 60		
	106	Train des équipages.		Idem.	0 40		
	107	Ecole d'application de cavalerie.		Idem.	0 65		
	108	Elève d'administration stagiaire....		Idem.	0 60		
	109	Sous-officiers rengagés. Attribut du génie (avec cocarde) ..		Idem.	0 90		
	110	Caducée (avec cocarde).........		Idem.	1 10		
	111	Canons croisés (avec cocarde).....		Idem.	0 90		
	112	Cor de chasse (avec cocarde)......		Idem.	0 71		
	113	Etoile (avec cocarde)..........		Idem.	0 61		
	114	Foudre (avec cocarde)..........		Idem.	0 65		

« ``Attributs de képi. »

CLASSIFICATION DES MATIÈRES ET EFFETS

PAR UNITÉ SOMMAIRE.		PAR UNITÉ DÉTAILLÉE.		UNITÉ RÈGLE-MENTAIRE	PRIX MINISTÉRIELS au CLASSEMENT		
Numéros.	DÉNOMINATION.	Numéros.	DÉNOMINATION.		neuf.	en cours de durée.	d'instruction.
64	Effets spéciaux aux sous-officiers rengagés ou commissionnés, ainsi qu'aux sous-officiers élèves officiers et aux élèves d'administration stagiaires. (*Suite.*)	115	"Attributs de képi. (*Suite*) — Sous-officiers rengagés. (*Suite.*) — Grenade (avec cocarde) dorée	Nombre.	0 61		
		116	argentée	Idem.	0 58		
		117	Numéro brodé en soie (drap compris) pour sous-officiers de cavaliers de remonte	Idem.	0 20		
		118	"Pompons pour képi de première tenue — Sous-officiers élèves officiers — Ecole militaire d'infanterie.	Idem.	2 90		
		119	Ecole militaire d'artillerie et du génie — Artillerie et génie	Idem.	2 90		
		120	Train des équipages.	Idem.	3 20		
		121	Elève d'administration staglaire	Idem.	2 90		
		122	Sous-officiers rengagés	Idem.	0 47		
		123	"Accessoires d'effets de coiffure pour — Turbans — Zouaves	Idem.	4 80		
		124	Tirailleurs	Idem.	4 80		
		125	Spahis	Idem.	3 95		
65	Effets spéciaux aux élèves, aux cadres et aux agents secondaires des diverses écoles (effets décomptés au nombre).	126	Glands pour chéchia. — sous-officiers rengagés — Zouaves	Idem.	4 50		
		127	Tirailleurs	Idem.	4 50		
		128	Spahis	Idem.	4 00		
		129	Effets divers	Idem.	»		
		1	Bourgeron en toile pour soldats du cadre (cavaliers de manège et cavaliers-ordonnances) — Ecole spéciale militaire.	Idem.	1 90		
		2	Ecole du service de santé militaire	Idem.	2 45		
		3	Prytanée militaire	Idem.	2 70		
		4	Capote pour sous-officiers et soldats du cadre — Ecole polytechnique. — Génie — Sergent-major	Idem.	23 85		
		5	Sous-officier	Idem.	20 40		
		6	Soldat	Idem.	17 80		
		7	Artillerie. — Sous-officier et soldat	Idem.	21 30		
		8	Ecole spéciale militaire — Infanterie. — Sergent-major	Idem.	21 05		
		9	Sous-officier et soldat	Idem.	16 50		
		10	Infirmiers — Sous-officier et soldat	Idem.	16 50		
		11	Tambour-major	Idem.	63 80		

CLASSIFICATION DES MATIÈRES ET EFFETS

PAR UNITÉ SOMMAIRE.		PAR UNITÉ DÉTAILLÉE.		UNITÉ RÉGLE-MENTAIRE	PRIX MINISTÉRIELS au CLASSEMENT		
Numéros.	DÉNOMINATION.	Numéros.	DÉNOMINATION.		neuf.	en cour de durée.	d'instruction.
		12	Capote pour sous-officiers et soldats du cadre...... (Suite.) { Ecole de santé militaire... } Sous-officier et soldat.	Nombre.	23 55		
		13	Prytanée militaire...... } Sous-officier et soldat.	Idem.	24 20		
		14	Capote-manteau pour élèves............ { Ecole polytechnique...	Idem.	63 35		
		15	Ecole spéciale militaire (en drap fin)........	Idem.	41 25		
		16	Ecole polytechnique........	Idem.	1 70		
		17	Ecole spéciale militaire......	Idem.	1 90		
		18	Ceinture de gymnase Prytanée militaire........	Idem.	2 65		
		19	Ecoles militaires préparatoires et orphelinat Hériot........	Idem.	2 70		
		20	Chaussettes de coton (paire)......... { Ecoles militaires préparatoires (1)............	Idem.	0 65		
		21	Orphelinat Hériot (1)........	Idem.	0 45		
65	Effets spéciaux aux élèves, aux cadres et aux agents secondaires des diverses écoles (effets décomptés au nombre)........ (Suite).	22	Col blanc pour élèves { de l'Ecole polytechnique.....	Idem.	0 25		
		23	de l'Ecole du service de santé militaire......	Idem.	0 27		
		24	Collet-manteau pour élèves. { Prytanée militaire.....	Idem.	22 75		
		25	"Ecoles militaires préparatoires............	Idem.	16 80		
		26	Orphelinat Hériot.....	Idem.	18 90		
		27	Dolman pour sous-officiers et soldats du cadre...... { Ecole spéciale militaire...... } Artillerie. { Sous-officier rengagé...	Idem.	31 80		
		28	Sous-officier	Idem.	17 10		
		29	Soldat.....	Idem.	15 90		
		30	Ecole du service de santé militaire...... } Train..... I Soldat.....	Idem.	21 15		
		31	Prytanée militaire. } Cavalier-ordonnance...	Idem.	21 80		
		32	Dolman-vareuse pour élèves...... { "Ecoles militaires préparatoires............ { en drap..	Idem.	14 00		
		33	en toile...	Idem.	4 00		
		34	Orphelinat Hériot...... { en drap..	Idem.	16 45		
		35	en toile..	Idem.	4 30		

(1) Prix afférent aux effets de la 1re taille. On devra toujours traiter au-dessous de ce prix pour les tailles inférieures.

| CLASSIFICATION DES MATIÈRES ET EFFETS | | | | UNITÉ RÉGLEMENTAIRE | PRIX MINISTÉRIELS au CLASSEMENT | | |
| PAR UNITÉ SOMMAIRE. | | PAR UNITÉ DÉTAILLÉE. | | | | | |
Numéros.	DÉNOMINATION.	Numéros.	DÉNOMINATION.		neuf.	en cours de durée.	d'instruction.
	Epaulettes (paire).	36	Ecole polytechnique....... } Portiers-consignes..	Nombre.	5 60		
		37	Ecole spéciale militaire..... { Tambour-major....	Idem.	6 20		
		38	Elèves.........	Idem.	4 75		
		39	Ecole du service de santé militaire........ { pour sous-officiers rengagés.........	Idem.	8 00		
		40	pour sous-officiers et soldats.........	Idem.	2 05		
		41	Prytanée militaire........ { Elèves.........	Idem.	2 45		
		42	Sous-officiers rengagés.........	Idem.	8 80		
		43	Elève de l'Ecole polytechnique......	Idem.	6 10		
	Gilet........	44	en drap...... { Agents secondaires des diverses écoles...........	Idem.	6 35		
65	Effets spéciaux aux élèves, aux cadres et aux agents secondaires des diverses écoles (effets décomptés au nombre)....... (Suite.)	45	en coton...... { Elèves des écoles militaires préparatoires (1)...	Idem.	2 15		
		46	Elèves de l'Orphelinat Hériot (1).....	Idem.	1 20		
		47	Ecole polytechnique....... { d'adjudant d'artillerie.........	Idem.	59 70		
		48	d'adjudant d'artillerie.........	Idem.	62 15		
		49	Ecole spéciale militaire..... { de troupe d'artillerie.	Idem.	31 95		
		50	d'hommes montés (sous-officiers et soldats).........	Idem.	31 95		
		51	Manteau en drap....... { avec pèlerine mobile à capuchon pour élève..........	Idem.	99 15		
		52	Ecole du service de santé militaire..... { avec pèlerine pour adjudant d'artillerie et de cavalerie....	Idem.	92 75		
		53	pour sous-officiers et soldats du cadre....	Idem.	40 05		
		54	Prytanée militaire........ { de cavalier de manège	Idem.	12 80		
		55	de cavalier ordonnance......	Idem.	42 50		

(1) Prix afférent aux effets de la 1re taille. On devra toujours traiter au-dessous de ce prix pour les tailles inférieures.

| CLASSIFICATION DES MATIÈRES ET EFFETS | | | | UNITÉ RÉGLE-MENTAIRE | PRIX MINISTÉRIELS au CLASSEMENT | | |
| PAR UNITÉ SOMMAIRE. | | PAR UNITÉ DÉTAILLÉE. | | | | | |
Numéros.	DÉNOMINATION.	Numéros.	DÉNOMINATION.		neuf.	en cours de durée.	d'instruction.
		56	Ecole polytechnique. — Elève. 1re tenue...	Nombre.	16 25		
		57	Elève. 2e tenue...	Idem.	14 20		
		58	du génie. Sous-officier rengagé...	Idem.	14 00		
		59	du génie. Sous-officier non monté.	Idem.	10 25		
		60	du génie. Soldat non monté....	Idem.	9 35		
		61	Elève............	Idem.	11 40		
		62	Tambour-major	Idem.	11 85		
		63	Cadre. Infanterie. Sous-officier...	Idem.	8 95		
		64	Cadre. Infanterie. Soldat.	Idem.	8 15		
		65	Cadre. Cavalerie. Sous-officier rengagé...	Idem.	14 75		
65	Effets spéciaux aux élèves, aux cadres et aux agents secondaires des diverses écoles (effets décomptés au nombre)........ (Suite.)	66	Pantalons en drap d'ordonnance. Ecole spéciale militaire. Infanterie et infirmiers. — rie. Sous-officier...	Idem.	10 15		
		67	Infanterie et infirmiers. Sous-officier rengagé...	Idem.	13 45		
		68	Infanterie et infirmiers. Sous-officier	Idem.	8 50		
		69	Infanterie et infirmiers. Soldat.....	Idem.	7 65		
		70	Artillerie. Sous-officier rengagé...	Idem.	15 50		
		71	Artillerie. Sous-officier	Idem.	11 80		
		72	Artillerie. Soldat.....	Idem.	10 65		
		73	Cavaliers de manège. Sous-officier et soldat..	Idem.	10 70		
		74	Ecole du service de santé militaire. Elève............	Idem.	20 80		
		75	Sous-officier rengagé..	Idem.	17 35		
		76	Infirmiers. Sous-officier	Idem.	11 65		
		77	Infirmiers. Soldat.....	Idem.	9 05		
		78	Prytanée militaire. Elève............	Idem.	11 80		
		79	Prytanée militaire. De prison pour élève.	Idem.	10 20		

CLASSIFICATION DES MATIÈRES ET EFFETS

PAR UNITÉ SOMMAIRE.		PAR UNITÉ DÉTAILLÉE.		UNITÉ RÈGLEMENTAIRE	PRIX MINISTÉRIELS au CLASSEMENT		
Numéros. — DÉNOMINATION.		Numéros. — DÉNOMINATION.			neuf.	en cours de durée.	d'instruction.
		80	Prytanée militaire (Suite) — Petit état-major — Sous-officier rengagé — Infanterie	Nombre.	19 10		
		81	Cavalerie	Idem.	20 95		
		82	Sous-officier	Idem.	12 35		
		83	Soldat	Idem.	11 10		
		84	Cavaliers de manège	Idem.	15 85		
		85	*Écoles militaires préparatoires } pour élève	Idem.	9 45		
		86	Orphelinat Hériot } pour élève	Idem.	10 15		
		87	Agents secondaires des diverses écoles	Idem.	12 35		
		88	École polytechnique } Élève	Idem.	26 75		
65	Effets spéciaux aux élèves, aux cadres et aux agents secondaires des diverses écoles (effets décomptés au nombre). (Suite.)	89	Ecole spéciale militaire — Élève	Idem.	17 95		
		90	Élève (avec fausses bottes)	Idem.	23 65		
		91	Cadre (soldat)	Idem.	17 90		
		92	Ecole du service de santé militaire — Élève	Idem.	28 85		
		93	Train des équipages	Idem.	23 25		
		94	Prytanée militaire — Cavaliers de manège et ordonnances	Idem.	26 10		
		95	*Écoles militaires préparatoires } Élève	Idem.	22 35		
		96	en coutil } pour élèves. — Prytanée militaire	Idem.	4 75		
		97	en toile } pour élèves. — Ecole polytechnique	Idem.	»		
		98	Orphelinat Hériot	Idem.	2 90		
		99	Ecole polytechnique	Idem.	2 65		
		100	Ecole spéciale militaire	Idem.	2 95		
		101	en treillis } pour élèves. — Ecole du service de santé militaire	Idem.	3 80		
		102	Prytanée militaire	Idem.	3 95		

CLASSIFICATION DES MATIÈRES ET EFFETS					UNITÉ RÉGLEMENTAIRE	PRIX MINISTÉRIELS au CLASSEMENT		
PAR UNITÉ SOMMAIRE.		PAR UNITÉ DÉTAILLÉE.						
Numéros.	DÉNOMINATION.	Numéros.	DÉNOMINATION.			neuf.	en cours de durée.	d'instruction.
		103	Pantalons (suite). en treillis (Suite) — pour élèves. (Suite)	*Ecoles militaires préparatoires	Nombre.	3 05		
		104	pour agents secondaires des diverses écoles		Idem.	4 70		
		105	Pèlerine à capuchon du manteau d'élève de l'Ecole du service de santé militaire		Idem.	34 00		
		106	Porte-manteaux — de l'Ecole spéciale militaire		Idem.	3 90		
		107	de l'Ecole du service de santé militaire		Idem.	6 35		
		108	Redingote d'agent secondaire. — Agent de casernement, agent préposé aux vivres et chef garçon		Idem.	35 50		
		109	Garçon de télégraphe		Idem.	27 75		
		110	Agent secondaire		Idem.	31 95		
		111	Ecole polytechnique — Elève		Idem.	29 95		
65	Effets spéciaux aux élèves, aux cadres et aux agents secondaires des diverses écoles (effets décomptés au nombre). (Suite.)	112	Génie — Sous-officier rengagé.		Idem.	22 50		
		113	Tunique. — (troupe à pied). Sous-officier		Idem.	17 95		
		114	Soldat		Idem.	14 35		
		115	Elève		Idem.	22 00		
		116	Ecole spéciale militaire. — Tambour-major		Idem.	23 10		
		117	Infanterie. — Sous-officier rengagé		Idem.	24 80		
		118	Sous-officier		Idem.	15 85		
		119	Soldat		Idem.	14 90		
		120	Cavalerie. — Sous-officier rengagé		Idem.	26 60		
		121	Sous-officier		Idem.	16 40		
		122	Cadre. — Soldat		Idem.	15 10		
		123	Infirmiers. — Sous-officier rengagé		Idem.	24 80		
		124	Sous-officier		Idem.	15 40		
		125	Soldat		Idem.	14 25		
		126	Cavaliers de manège (sous-officier et soldat)		Idem.	17 15		

CLASSIFICATION DES MATIÈRES ET EFFETS				UNITÉ RÈGLE- MENTAIRE	PRIX MINISTÉRIELS au CLASSEMENT		
PAR UNITÉ SOMMAIRE.		PAR UNITÉ DÉTAILLÉE.					
Numéros.	DÉNOMINATION.	Numéros.	DÉNOMINATION.		neuf.	ou cours de durée.	d'instruction.
		127	Ecole du service de santé militaire. Élève	Nombre.	44 50		
		128	Sous-officier rengagé	Idem.	30 05		
		129	Infirmiers. Sous-officier	Idem.	22 05		
		130	Soldat	Idem.	20 45		
		131	Tunique (Suite). Élève	Idem.	22 15		
		132	Prytanée militaire. Petit état major. Sous-officier rengagé. Infanterie . .	Idem.	35 25		
		133	Cavalerie . .	Idem.	37 80		
		134	Sous-officier	Idem.	22 60		
		135	Soldat	Idem.	20 90		
		136	Cavaliers de manège. Brigadier	Idem.	24 95		
		137	Cavalier	Idem.			
		138	Vareuse en drap { pour élève de l'Ecole polytechnique	Idem.	15 30		
		139	pour élève de l'Ecole du serv. de santé milit.	Idem.	28 65		
65	Effets spéciaux aux élèves, aux cadres et aux agents secondaires des diverses écoles (effets décomptés au nombre) . . . . (Suite).	140	Ecole polytechnique. Soldat du génie	Idem.	8 65		
		141	Ecole spéciale militaire. Élève	Idem.	12 10		
		142	Cadre. Infanterie	Idem.	9 30		
		143	Cavalerie	Idem.	10 45		
		144	Artillerie	Idem.	10 25		
		145	Cavaliers de manège	Idem.	11 85		
		146	Veste | en drap . Infirmiers	Idem.	8 75		
		147	Ecole du service de santé militaire. Infirmiers	Idem.	12 90		
		148	Train des équipages	Idem.	13 80		
		149	Prytanée militaire. d'ordonnance, pour élève . .	Idem.	14 90		
		150	de prison, pour élève	Idem.	10 75		
		151	Petit état-major	Idem.	11 95		
		152	Cavaliers de manège	Idem.	17 20		
		153	Cavaliers ordonnances	Idem.	14 05		

CLASSIFICATION DES MATIÈRES ET EFFETS				UNITÉ RÉGLE-MENTAIRE	PRIX MINISTÉRIELS au CLASSEMENT		
PAR UNITÉ SOMMAIRE.		PAR UNITÉ DÉTAILLÉE.					
Numéros.	DÉNOMINATION.	Numéros.	DÉNOMINATION.		neuf.	en cours de durée.	d'instruction.
		154	en drap. (Suite). d'agents secondaires.. garçon de télégraphe	Nombre.	17 75		
		155	agent secondaire ...	Idem.	21 30		
		156	en coutil.. Ecole spéciale militaire... élève	Idem.	4 40		
		157	Prytanée militaire.. élève	Idem.	7 60		
		158	Veste en toile. moniteur	Idem.	7 85		
		159	Ecole polytechnique. élève	Idem.	7 25		
		160	Ecole polytechnique. élève	Idem.	2 40		
		161	en treillis.. Ecole spéciale militaire... élève	Idem.	2 50		
		162	cadre	Idem.	2 65		
		163	Ecole du service de santé militaire... élève	Idem.	3 40		
		164	pour agents secondaires des diverses écoles.	Idem.	5 90		
65	Effets spéciaux aux élèves, aux cadres et aux agents secondaires des diverses écoles (effets décomptés au nombre)...... (Suite.)		Accessoires divers d'effets d'habillement. Boutons				
		165	gros.. Ecole spéciale militaire	Idem.	0 05		
		166	Artillerie	Idem.	0 03		
		167	Infirmiers militaires	Idem.	0 03		
		168	Cavaliers de manège	Idem.	0 03		
		169	petits. Ecole spéciale militaire	Idem.	0 03		
		170	Artillerie	Idem.	0 02		
		171	Infirmiers militaires	Idem.	0 02		
		172	Cavaliers de manège	Idem.	0 02		
		173	dorés pour sous-officiers rengagés gros..	Idem.	0 30		
		174	petits.	Idem.	0 15		
		175	Prytanée militaire.. en cuivre gros..	Idem.	0 05		
		176	petits.	Idem.	0 03		
		177	en étain gros..	Idem.	0 05		
		178	petits.	Idem.	0 03		

CLASSIFICATION DES MATIÈRES ET EFFETS

PAR UNITÉ SOMMAIRE.		PAR UNITÉ DÉTAILLÉE.		UNITÉ RÉGLE-MENTAIRE	PRIX MINISTÉRIELS au CLASSEMENT		
Numéros.	DÉNOMINATION.	Numéros.	DÉNOMINATION.		neuf.	en cours de durée.	d'instruction.
		179	Boutons (suite). Ecoles militaires préparatoires. en cuivre — gros	Nombre.	0 04		
		180	petits	Idem.	0 02		
		181	en zinc	Idem.	0 01		
		182	Fausses-bottes vernies pour élève de l'Ecole spéciale militaire	Idem.	10 35		
		183	Ecole polytechnique. — Ecusson brodé — en or	Idem.	2 20		
		184	en laine	Idem.	0 20		
		185	Caducées (paire) brodés en fil	Idem.	0 45		
		186	Collier, découpé en drap.	Idem.	0 04		
		187	brodé en or (1er maitre maréchal-ferrand)	Idem.	0 60		
		188	brodé en filé d'or (maître maréchal).	Idem.	0 55		
65	Effets spéciaux aux élèves, aux cadres et aux agents secondaires des diverses écoles (effets décomptés au nombre). (Suite.)	189	Insignes, ou Fer de — pour 1er aide-maréchal.	Idem.	0 35		
		190	pour 2° aide-maréchal.	Idem.	0 25		
		191	découpé en drap pour élève maréchal.	Idem.	0 07		
		192	Ecole spéciale militaire. Grenade, pour élève. — brodée en or pour tunique d'élève de 2° année (la paire)	Idem.	2 45		
		193	en soie jaune (la paire)	Idem.	0 80		
		194	pour cadre. — brodée en soie rouge ou noire (la paire)	Idem.	0 90		
		195	découpée en drap garance ou bleu foncé (la paire)	Idem.	0 05		
		196	Insignes de tir. Artillerie (grenade). — brodée en or (prix de régiment)	Idem.	1 25		
		197	brodée filé or (prix d'école).	Idem.	1 25		
		198	découpée en drap.	Idem.	0 03		

CLASSIFICATION DES MATIÉRES ET EFFETS

PAR UNITÉ SOMMAIRE.		PAR UNITÉ DÉTAILLÉE.		UNITÉ RÉGLE-MENTAIRE	PRIX MINISTÉRIELS au CLASSEMENT		
Numéros.	DÉNOMINATION.	Numéros.	DÉNOMINATION.		neuf.	en cours de durée.	d'instruction.
		199	Ecole spéciale militaire. (Suite.) [Insignes de tir. (Suite.) Infanterie (cor de chasse).] brodé en or ...	Nombre.	0 50		
		200	découpé en drap...	Idem.	0 03		
		201	Insigne des garçons de télégraphe...	Idem.	0 35		
		202	Ecole du service de santé militaire. — Caducée. en cannetille d'or (la paire)...	Idem.	3 85		
		203	en laine écarlate .. pour collet (la paire).	Idem.	0 70		
		204	pour képi.	Idem.	0 30		
		205	Prytanée militaire. — Grenade. en soie rouge (la paire).	Idem.	1 00		
		206	en laine rouge brodée (la paire)...	Idem.	0 60		
		207	Calotte d'écurie ou de travail (en drap). Ecole spéciale militaire...	Idem.	0 35		
		208	Prytanée militaire...	Idem.	1 20		

(Colonne de gauche, mentions verticales : Accessoires divers d'effets d'habillement (suite). — Insignes, ornements et attributs (suite).)

PAR UNITÉ SOMMAIRE.		PAR UNITÉ DÉTAILLÉE.		UNITÉ RÉGLE-MENTAIRE	PRIX MINISTÉRIELS au CLASSEMENT		
Numéros.	DÉNOMINATION.	Numéros.	DÉNOMINATION.		neuf.	en cours de durée.	d'instruction.
65	Effets spéciaux aux élèves, aux cadres et aux agents secondaires des diverses écoles (effets décomptés au nombre)........ (Suite).	209	Casquette. en toile. — Prytanée militaire. — de bain pour élève...	Idem.	4 00		
		210	en drap... Agents secondaires des diverses écoles... Agent de casernement, agent préposé aux vivres et chef garçon	Idem.	7 00		
		211	Garçon de télégraphe...	Idem.	3 00		
		212	Agent secondaire...	Idem.	3 45		
		213	Chapeau.. Ecole polytechnique. d'élève (avec boite).	Idem.	12 00		
		214	de sous-officier...	Idem.	10 00		
		215	Ecole du service de santé militaire... d'élève (avec boite).	Idem.	17 05		
		216	— (sans boite).	Idem.	16 35		
		217	Képi. Ecole polytechnique... d'élève... 1re tenue...	Idem.	5 15		
		218	2e tenue...	Idem.	2 80		
		219	sous-officier rengagé.	Idem.	3 95		
		220	du génie.. sous-officier...	Idem.	2 45		
		221	soldat...	Idem.	2 05		

CLASSIFICATION DES MATIÈRES ET EFFETS

PAR UNITÉ SOMMAIRE.		PAR UNITÉ DÉTAILLÉE.		UNITÉ RÉGLEMENTAIRE	PRIX MINISTÉRIELS au CLASSEMENT		
Numéros.	DÉNOMINATION.	Numéros.	DÉNOMINATION.		neuf.	en cours de durée.	d'instruction.
		222	d'élève	Nombre.	3 00		
		223	de tambour-major	Idem.	6 35		
		224	— (1re tenue)	Idem.	7 45		
		225	de sous-officiers rengagés (Képi complet). d'infanterie et d'infirmiers	Idem.	4 30		
		226	de cavalerie	Idem.	4 30		
		227	d'artillerie	Idem.	4 25		
	Ecole spéciale militaire.	228	de sous-officiers.. du cadre	Idem.	2 60		
		229	— (1re tenue)	Idem.	2 90		
		230	d'artillerie	Idem.	2 60		
		231	— (1re tenue)	Idem.	2 80		
		232	d'infirmiers	Idem.	2 60		
		233	— (1re tenue)	Idem.	2 80		
65	Effets spéciaux aux élèves, aux cadres et aux agents secondaires des diverses écoles (effets décomptés au nombre). (Suite).	234	de soldats... du cadre	Idem.	1 90		
		235	— (1re tenue)	Idem.	2 15		
		236	d'artillerie	Idem.	1 90		
		237	— (1re tenue)	Idem.	2 15		
		238	d'infirmiers	Idem.	1 90		
		239	— (1re tenue)	Idem.	2 15		
		240	de sous-officiers et soldats. cavaliers de manège	Idem.	2 40		
		241	Ecole du service de santé militaire.... d'élève	Idem.	11 45		
		242	de sous-officier rengagé	Idem.	5 70		
		243	d'infirmiers ou du train. sous-officier 1re tenue	Idem.	4 30		
		244	sous-officier 2e tenue	Idem.	4 10		
		245	soldat.. 1re tenue	Idem.	3 40		
		246	soldat.. 2e tenue	Idem.	3 20		
		247	Prytanée militaire..... d'élève	Idem.	3 00		
		248	du petit état-major sous-officier rengagé	Idem.	6 15		
		249	du petit état-major sous-officier	Idem.	3 35		
		250	du petit état-major soldat	Idem.	2 35		

Képi (suite).

CLASSIFICATION DES MATIÈRES ET EFFETS

PAR UNITÉ SOMMAIRE.		PAR UNITÉ DÉTAILLÉE.		UNITÉ RÉGLE-MENTAIRE	PRIX MINISTÉRIELS au CLASSEMENT		
Numéros. / Dénomination.		Numéros.	Dénomination.		neuf.	en cours de durée.	d'instruction.
		251	Prytanée militaire (suite). de cavalier de manège	Nombre.	3 00		
		252	de cavalier ordonnacne	Idem.	2 90		
		253	Ecoles militaires prépara-toires — pour élève	Idem.	3 30		
		254	Orphelinat Hériot — pour élève	Idem.	3 15		
		255	Shako (avec plaque et cocarde). Ecole spéciale militaire (élève).	Idem.	5 50		
		256	Cocarde pour képi du Prytanée militaire.	Idem.	0 11		
		257	Etoile pour képi du Prytanée militaire. Sous-officier rengagé (cuivre doré)	Idem.	0 55		
		258	Cadre (cuivre)	Idem.	0 31		
		259	Fausse jugulaire en or, pour képi d'élève du Prytanée militaire	Idem.	0 75		
		260	Grenade pour képi du Prytanée militaire. Sous-officier rengagé (cuivre doré)	Idem.	0 55		
		261	Cadre (cuivre)	Idem.	0 35		
65	Effets spéciaux aux élèves, aux cadres et aux agents secondaires des diverses Ecoles (effets décomptés au nombre). (Suite.)	262	de coiffure — Jugulaire en or avec boutons, pour képi de sous-officier à l'Ecole spéciale militaire	Idem.	0 65		
		263	Plaque de shako de l'Ecole spéciale militaire	Idem.	0 45		
		264	Pompons.. pour képis divers à l'Ecole spéciale militaire	Idem.	0 35		
		265	pour képi d'infirmiers à l'Ecole du service de santé militaire	Idem.	0 45		
		266	Bottes (paire) pour élève de l'Ecole spéciale militaire.	Idem.	17 00		
		267	Brodequins napolitains (la paire). Ecoles militaires préparatoires.. à taquets	Idem.	9 40		
		268	sans taquets	Idem.			
		269	Orphelinat Hériot	Idem.	8 00		
		270	Espadrilles (la paire) pour les Ecoles militaires préparatoires.	Idem.	1 00		
		271	Eperons à la chevalière, sans boucle, pour les Ecoles militaires préparatoires (la paire)	Idem.	0 80		
		272	Courroies d'éperons pour les Ecoles militaires préparatoires.	Idem.	0 25		
		273	Divers.	Idem.	»		

CLASSIFICATIONS DES MATIÈRES ET EFFETS

PAR UNITÉ SOMMAIRE.		PAR UNITÉ DÉTAILLÉE.		UNITÉ RÉGLE-MENTAIRE	PRIX MINISTÉRIELS au CLASSEMENT		
Numéros. DÉNOMINATION.		Numéros.	DÉNOMINATION.		neuf.	en cours de durée	d'instruction.
		1	Ecole polytechnique — En or (22mm,7)	Mètre.	4 05		
		2	Ecole polytechnique — En laine — à losanges	Idem.	0 40		
		3	Ecole polytechnique — En laine — en 24mm	Idem.	0 25		
		4	Ecole spéciale militaire — En or — de chevron en 22mm	Idem.	4 50		
		5	Ecole spéciale militaire — En or — de grade — en 22mm	Idem.	4 50		
		6	en 12mm	Idem.	2 65		
		7	Ecole spéciale militaire — à losanges en 22mm	Idem.	0 45		
		8	En laine — écarlate — en 22mm	Idem.	0 25		
		9	en 12mm	Idem.	0 15		
		10	jonquille — en 22mm	Idem.	0 25		
		11	en 12mm	Idem.	0 15		
		12	Ecole du service de santé militaire — En or, façon à lézardes (22mm)	Idem.	5 80		
		13	En laine — à losanges	Idem.	0 55		
66 Effets spéciaux aux élèves et aux cadres des diverses écoles (effets décomptés au mètre).		14	écarlate (22mm)	Idem.	0 30		
		15	Prytanée militaire — En or (22mm)	Idem.	6 40		
		16	De bride d'épaule, pour sous-officier rengagé	Idem.	4 20		
		17	En laine — à losanges	Idem.	0 60		
		18	écarlate (22mm)	Idem.	0 35		
		19	orange (22mm)	Idem.	0 35		
		20	métal et soie pour adjudants et sous-officiers rengagés de l'École polytechnique	Idem.	1 00		
		21	or et soie rouge pour adjudants et sous-officiers rengagés de l'Ecole spéciale militaire	Idem.	1 10		
		22	Soutache — argent et soie rouge pour adjudants et sous-officiers rengagés de l'Ecole spéciale militaire	Idem.	0 80		
		23	or et soie rouge de 4mm pour sous-officiers rengagés de l'École du service de santé militaire	Idem.	1 40		
		24	or et laine rouge (Prytanée militaire)	Idem.	1 55		
		25	argent fin pour brigadier de manège du Prytanée militaire	Idem.	1 25		

Galons. (n°° 1 à 13) — Passementerie. (n°° 14 à 25)

CLASSIFICATION DES MATIÈRES ET EFFETS

PAR UNITÉ SOMMAIRE		PAR UNITÉ DÉTAILLÉE		UNITÉ RÉGLEMENTAIRE	PRIX MINISTÉRIELS au CLASSEMENT		
Numéros	DÉNOMINATION.	Numéros	DÉNOMINATION.		neuf.	en cours de durée.	d'instruction.
66	Effets spéciaux aux élèves et aux cadres des diverses écoles (effets décomptés au mètre). (*Suite.*)	26	Passementerie (*Suite.*) Tresse (Prytanée militaire).... carrée en laine de 6mm pour brandebourgs.. garance..	Mètre.	0 20		
		27	noire....	Idem.	0 20		
		28	plate de 15mm pour dolmans....	Idem.	0 15		
		29	Divers....	Idem.	»		
		1	*Capote....	Nombre.	26 25		
		2	*Ceinture d'ouvrier....	Idem.	7 05		
		3	*Dolman en drap de sous-officier....	Idem.	21 70		
		4	Pantalon *en drap.... de sous-officier....	Idem.	14 10		
		5	de soldat....	Idem.	13 70		
		6	en toile ou treillis.... bleu foncé....	Idem.	4 00		
		7	écru....	Idem.	3 80		
		8	*Blouse de travail....	Idem.	12 05		
		9	*Veste en drap....	Idem.	14 25		
67	Effets spéciaux au personnel de la télégraphie militaire.	10	Accessoires d'effets d'habillement. *Insignes, ornements et attributs. Boutons d'uniforme.... gros....	Idem.	»		
		11	petits....	Idem.	»		
		12	Etoiles entourées de foudres.... brodées en or et soie bleu de ciel.... de collet (la paire)....	Idem.	1 45		
		13	de képi....	Idem.	1 00		
		14	en laine bleu de ciel.... de collet (la paire)....	Idem.	0 75		
		15	de képi....	Idem.	0 50		
		16	Numéros (la paire). brodés en or. à 1 chiffre...	Idem.	0 55		
		17	à 2 chiffres..	Idem.	1 10		
		18	en laine bleu de ciel.... à 1 chiffre...	Idem.	0 20		
		19	à 2 chiffres..	Idem.	0 40		
		20	*Képi.... de télégraphiste....	Idem.	8 65		
		21	de chef d'équipe....	Idem.	3 65		
		22	d'ouvriers....	Idem.	3 65		
		23	divers....	Idem.	»		
68	Effets divers spéciaux....	1	aux condamnés (ateliers de travaux publics et pénitenciers militaires).... *Capot....	Idem.	23 40		
		2	*Pantalon de drap....	Idem.	10 30		

CLASSIFICATION DES MATIÈRES ET EFFETS

PAR UNITÉ SOMMAIRE.		PAR UNITÉ DÉTAILLÉE.		UNITÉ RÉGLEMENTAIRE	PRIX MINISTÉRIELS au CLASSEMENT		
Numéros.	DÉNOMINATION.	Numéros.	DÉNOMINATION.		neuf.	en cours de durée.	d'instruction.
		3	aux condamnés (ateliers de travaux publics et pénitenciers militaires). — Vareuse { pour ateliers	Nombre.	14 90		
		4	Vareuse { pour pénitenciers	Idem.	15 05		
		5	Képi	Idem.	3 00		
		6	Couvre-nuque	Idem.	0 20		
		7	Capote-manteau { Maréchal des logis	Idem.	59 40		
		8	Brigadier	Idem.	54 05		
		9	Gendarme	Idem.	40 20		
		10	Gants (la paire)	Idem.	1 30		
		11	Pantalon de drap	Idem.	14 90		
		12	Tunique { Maréchal des logis	Idem.	28 75		
		13	Brigadier	Idem.	25 05		
		14	Gendarme	Idem.	20 75		
		15	Aiguillette { Sous-officier	Idem.	26 25		
68	Effets divers spéciaux. (Suite).	16	aux gendarmes réservistes et territoriaux. — Accessoires d'effets d'habillement — Aiguillette complète avec trèfles, coulant et ferrets (la paire). { Brigadier	Idem.	17 10		
		17	Gendarme	Idem.	3 70		
		18	Trompette	Idem.	23 75		
		19	Aiguillette seule (la paire). { Adjudant	Idem.	24 40		
		20	Sous-officier	Idem.	17 20		
		21	Brigadier	Idem.	10 90		
		22	Gendarme	Idem.	0 90		
		23	Trompette	Idem.	15 40		
		24	Coulant en maillechort	Idem.	0 35		
		25	Ferrets (la paire) { Adjudant	Idem.	6 65		
		26	Sous-officier et gendarme	Idem.	0 70		
		27	Trèfles (la paire) { Sous-officier	Idem.	8 00		
		28	Brigadier	Idem.	5 15		
		29	Gendarme	Idem.	1 75		
		30	Trompette	Idem.	7 30		
		31	Képi { Sous-officier et brigadier	Idem.	4 70		
		32	Gendarme	Idem.	2 40		

CLASSIFICATION DES MATIÈRES ET EFFETS					UNITÉ RÈGLEMENTAIRE	PRIX MINISTÉRIELS au CLASSEMENT		
PAR UNITÉ SOMMAIRE.		PAR UNITÉ DÉTAILLÉE.						
Numéros.	DÉNOMINATION.	Numéros.	DÉNOMINATION.			neuf.	en cours de durée.	d'instruction.
		33	aux gendarmes réservistes et territoriaux (Suite). Jugulaire.	Sous-officier et brigadier....	Nombre.	0 30		
		34		Gendarme.............	Idem.			
		35	aux pompiers réservistes.	Ceinture de feu...........	Idem.	2 75		
		36		Casque. ancien modèle..........	Idem.	10 65		
		37		Casque. nouveau modèle. Sous-officier..	Idem.	8 10		
		38		Caporal et soldat.......	Idem.	7 40		
		39	de tenue de manège...	Culotte (sous-officier et soldat).......	Idem.	12 15		
68	Effets divers spéciaux........... (Suite).	40		Bottes à l'écuyère...............	Idem.	40 00		
		41		Eperons...................	Idem.	2 25		
		42		Garniture d'éperons...........	Idem.	0 75		
		43		" Ceinture.................	Idem.	2 50		
		44	de gymnase...	Pantalon.................	Idem.	4 10		
		45		" Veste................	Idem.	5 00		
		46		Calotte de l'Ecole de gymnastique...	Idem.	0 15		
		47	" de natation.	Caleçon de bain...........	Idem.	1 10		
		48		Ceinture (sangle)...........	Idem.	1 50		
		49	" pour la voltige.	Ceinture en sangle à l'usage des troupes à cheval.............	Idem.	0 70		
		50	" pour le service du bureau......	Fausses manches avec plastron......	Idem.	2 85		
		51		Divers....................	Idem.	»		
69	Effets divers conservés au dépôt des modèles, à titre de renseignements...	»		....	Idem.	»		
		»		....	Idem.	»		
		»		....	Idem.	»		
		»		....	Idem.	»		

CHAPITRE III.

EFFETS D'ÉQUIPEMENT.

§ 1er. — *Effets de grand équipement du modèle général.*

Numéros.	DÉNOMINATION.	Numéros.	DÉNOMINATION.			UNITÉ RÈGLEMENTAIRE	neuf.	en cours de durée.	d'instruction.
70	" Banderoles........	1	porte-giberne de cavalerie..........	du modèle général......	Nombre.		1 90	1 55	0 40
		2		ancien modèle	Idem.		2 00	1 60	0 40

CLASSIFICATION DES MATIÈRES ET EFFETS

PAR UNITÉ SOMMAIRE.		PAR UNITÉ DÉTAILLÉE.		UNITÉ RÉGLEMENTAIRE	PRIX MINISTÉRIELS au CLASSEMENT		
Numéros. / DÉNOMINATION.		Numéros. / DÉNOMINATION.			neuf.	en cours de durée.	d'instruction.
70	" Banderoles. (Suite).	3	de porte-mousqueton (sans accessoires)............	Nombre.	3 00	2 40	0 60
		4	d'étui de revolver............... { en cuir noir..	Idem.	1 00	0 80	0 20
		5	{ en cuir fauve.	Idem.	0 95	0 75	0 20
		6	diverses............	Idem.	»	»	»
71	Bretelles.........	1	" de fusil, de carabine ou de mousqueton pour toutes armes....	Idem.	1 00	0 80	0 20
		2	de suspension pour cartouchière. sans crochet....	Idem.	1 75	1 40	0 35
		3	avec un crochet....	Idem.	1 80	1 45	0 40
		4	avec deux crochets....	Idem.	1 90	1 55	0 40
		5	avec trois crochets....	Idem.	1 95	1 60	0 40
		6	" porte-effets. en cuir neuf....	Idem.	5 25	4 20	1 05
		7	en cuir neuf (modèle de l'artillerie)..	Idem.	6 15	4 90	1 25
		8	en cuir vieux....	Idem.	1 10	0 90	0 20
		9	en cuir vieux (modèle de l'artillerie).	Idem.	1 60	1 30	0 30

PAR UNITÉ SOMMAIRE.		PAR UNITÉ DÉTAILLÉE.		UNITÉ RÉGLEMENTAIRE	PRIX MINISTÉRIELS au CLASSEMENT		
Numéros. / DÉNOMINATION.		Numéros. / DÉNOMINATION.			neuf.	en cours de durée.	d'instruction.
		10	Diverses............	Idem.	»	»	»
72	" Cannes et accessoires..........	1	Cannes...... { de tambour-major..............	Idem.	200 00	160 00	40 00
		2	{ de caporal-tambour..........	Idem.	50 00	40 00	10 00
		3	Cordon de canne de caporal-tambour..........	Idem.	2 60	2 10	0 50
		4	Divers....	Idem.	»	»	»
73	" Cartouchières, gibernes, etc......	1	Cartouchières pour troupes à pied (modèle 1888)..	Idem.	2 60	2 10	0 55
		2	pour les corps de l'artillerie (hommes non montés) avec alvéoles....	Idem.	1 95	1 60	0 40
		3	avec cloison de séparation....	Idem.	1 85	1 50	0 40
		4	pour la cavalerie (modèle 1891).....	Idem.	3 50	2 80	0 70
		5	Chargeur mobile....	Idem.	0 75	0 60	0 15
		6	Giberne. d'infanterie et corps assimilés.......	Idem.	2 70	2 15	0 55
		7	de cavalerie. ancien modèle. à grands anneaux....	Idem.	4 90	3 90	1 00
		8	à petits anneaux....	Idem.	4 30	3 45	0 85
		9	du modèle général.....	Idem.	7 00	5 60	1 40
		10	ancien modèle.... Artillerie (hommes montés) et train des équipages........	Idem.	6 85	5 50	1 40

CLASSIFICATION DES MATIÈRES ET EFFETS				UNITÉ RÈGLEMENTAIRE	PRIX MINISTÉRIELS au CLASSEMENT		
PAR UNITÉ SOMMAIRE.		PAR UNITÉ DÉTAILLÉE.					
Numéros.	DÉNOMINATION.	Numéros.	DÉNOMINATION.		neuf.	en cours de durée.	d'instruction.
73	Cartouchières, gibernes, etc...... (Suite).	11	Gibernes.... (Suite.) ancien modèle (suite). Génie (sapeurs-conducteurs)..	Nombre.	6 60	5 30	1 30
		12	Poches à car-touches... en cuir... Ancien modèle..	Idem.	1 25	1 00	0 25
		13	Modèle 1887....	Idem.	2 70	2 15	0 55
		14	Divers....	Idem.	»	»	»
		1	Modèle général, pour troupes à pied..	Idem.	1 75	1 40	0 35
		2	Artillerie et train des équipages (hommes non montés)..	Idem.	4 15	3 35	0 85
		3	Troupes à cheval. en cuir noir ciré à plaque........	Idem.	2 85	2 30	0 60
		4	à boucle........	Idem.	3 15	2 50	0 65
		5	en cuir fauve. avec courroie de carabine......	Idem.	3 85	3 10	0 80
		6	sans courroie de carabine.....	Idem.	2 55	2 05	0 55
		7	Ceinturons... Sapeurs conducteurs du génie......	Idem.	2 25	1 80	0 45
74	Ceinturons sans plaque et plaques de ceinturon........	8	en cuir verni. sergent-major. Infanterie et corps assimilés.....	Idem.	3 50	2 80	0 70
		9	Génie.........	Idem.			
		10	maréchal des logis chef. Toutes troupes à cheval (sapeurs conducteurs du génie exceptés)	Idem.	4 40	3 50	0 90
		11	Sapeurs conducteurs du génie.	Idem.	3 50	2 80	0 70
		12	Adjudant commis greffier..	Idem.	3 50	2 80	0 70
		13	Divers.............	Idem.	»	»	»
		14	Plaques de ceinturon. Infanterie de ligne et corps assimilés... en cuivre neuf.......	Idem.	0 50	0 40	0 10
		15	en transformation....	Idem.	0 40	0 35	0 08
		16	Cuirassiers, dragons...	Idem.	0 70	0 55	0 15
		17	Génie.... en cuivre neuf.........	Idem.	0 65	0 55	0 15
		18	en transformation.......	Idem.	0 55	0 45	0 10
		19	Sergent-major. Infanterie.............	Idem.	0 75	0 60	0 15
		20	Génie.............	Idem.			
		21	Chasseurs à pied, zouaves et tirailleurs algériens.....	Idem.	2 10	1 70	0 40

CLASSIFICATION DES MATIÈRES ET EFFETS

PAR UNITÉ SOMMAIRE		PAR UNITÉ DÉTAILLÉE		UNITÉ RÈGLEMENTAIRE	PRIX MINISTÉRIELS au CLASSEMENT		
Numéros	DÉNOMINATION	Numéros	DÉNOMINATION		neuf	en cours de durée	d'instruction
74	Ceinturons sans plaque et plaques de ceinturon (*suite*).	22	Plaques de ceinturon. (*Suite.*) { en cuivre doré	Nombre.	0 60	0 50	0 12
		23	diverses	*Idem.*	»	»	»
		1	de cavalerie	*Idem.*	1 25	1 00	0 25
75	Dragonnes	2	d'infanterie { Adjudant	*Idem.*	1 00	0 80	0 20
		3	Sergent-major	*Idem.*			
		4	diverses	*Idem.*	»	»	»
76	Étuis de revolver et accessoires	1	Courroie de ceinture de revolver	*Idem.*	1 15	0 90	0 25
		2	Etui de revolver complet — en cuir noir { sans courroie de ceinture	*Idem.*	5 65	4 55	1 15
		3	avec courroie de ceinture	*Idem.*	6 80	5 45	1 40
		4	en cuir fauve { sans lanière de revolver	*Idem.*	7 55	6 05	1 55
		5	avec lanière de revolver	*Idem.*	7 85	6 30	1 60
		6	Lanière de revolver en cuir fauve	*Idem.*	0 30	0 25	0 06
77	Havresacs	7	Divers	*Idem.*	»	»	»
		1	Modèles antérieurs à 1875 { avec passants de grande courroie	*Idem.*	12 95	10 35	2 60
		2	sans passants de grande courroie	*Idem.*	12 65	10 10	2 55
		3	Modèle 1875 transformé (dont le rivet de bretelle sur le sac a été maintenu) — pour l'infanterie { avec contre-sanglons	*Idem.*	14 40	11 50	2 90
		4	sans contre-sanglons	*Idem.*	14 10	11 30	2 80
		5	sans contre-sanglons pour l'artillerie à pied, les zouaves et les tirailleurs	*Idem.*	13 00	10 40	2 60
		6	Modèle 1875 transformé (dont le rivet de bretelle sur le sac a été maintenu.) — avec courroies d'outils pour le génie à pied { avec contre-sanglons	*Idem.*	15 65	12 50	3 15
		7	sans contre-sanglons	*Idem.*	15 35	12 30	3 10
		8	Modèle 1875 transformé (dont le rivet de bretelle a été remplacé par des boucles sur le sac) et modèle 1876 transformé — pour l'infanterie { avec contre-sanglons	*Idem.*	14 40	11 50	2 90
		9	sans contre-sanglons	*Idem.*	14 10	11 30	2 80
		10	sans contre-sanglons pour l'artillerie à pied, les zouaves et les tirailleurs algériens	*Idem.*	13 00	10 40	2 60

CLASSIFICATION DES MATIÈRES ET EFFETS

PAR UNITÉ SOMMAIRE.		PAR UNITÉ DÉTAILLÉE.		UNITÉ RÉGLEMENTAIRE	PRIX MINISTÉRIELS au CLASSEMENT		
Numéros. — DÉNOMINATION.		Numéros. — DÉNOMINATION.			neuf.	en cours de durée.	d'instruction.
77	" Havresacs......... (suite).	11	Modèle 1875 transformé (dont le rivet de bretelle a été remplacé par des boucles sur le sac) et modèle 1876 transformé (suite)........ — avec courroies d'outils pour le génie à pied — avec contre-sanglons.	Nombre.	15 65	12 50	3 15
		12	sans contre-sanglons.	Idem.	15 35	12 30	3 10
		13	Modèle 1882. — Infanterie et corps assimilés — avec contre-sanglons de supports et crochets en cuivre............	Idem.	16 15	12 95	3 25
		14	sans contre-sanglons de supports ni crochets en cuivre............	Idem.	15 80	12 65	3 20
		15	Artillerie à pied............	Idem.	14 75	11 80	2 95
		16	Modèle 1883. — Génie à pied — avec contre-sanglons de supports et crochets en cuivre............	Idem.	17 60	14 10	3 55
		17	sans contre-sanglons de supports ni crochets en cuivre............	Idem.	17 25	13 80	3 45
		18	Modèle 1893. — Infanterie............	Idem.	13 85	11 10	2 80
		19	Génie............	Idem.	15 30	12 25	3 10
		20	Divers............	Idem.	»	»	»
78	" Houzeaux en cuir.	1	pour conducteur de voiture............	Idem.	12 50	10 00	2 50
		2	divers............	Idem.	»	»	»
79	" Instruments de musique et équipement de musiciens.	1	Banderoles de giberne porte-musique — infanterie et génie............	Idem.	3 30	2 65	0 65
		2	cavalerie et artillerie............	Idem.	6 00	4 80	1 20
		3	Étuis en basane pour instruments de musique... — de saxophone.. — soprano............	Idem.	15 00	12 00	3 00
		4	alto............	Idem.	16 00	12 80	3 20
		5	ténor............	Idem.	20 00	16 00	4 00
		6	baryton............	Idem.	12 00	9 60	2 40
		7	de cornet à pistons — à 4 trous............	Idem.	11 00	8 80	2 20
		8	à 6 pistons............	Idem.	11 00	8 80	2 20
		9	de petit saxhorn-soprano............	Idem.	11 00	8 80	2 20
		10	de saxhorn — contre-alto — à 3 pistons............	Idem.	11 00	8 80	2 20
		11	à 6 pistons............	Idem.	13 00	10 40	2 60
		12	alto............	Idem.	14 00	11 20	2 80

CLASSIFICATION DES MATIÈRES ET EFFETS.

PAR UNITÉ SOMMAIRE.		PAR UNITÉ DÉTAILLÉE.		UNITÉ RÈGLE-MENTAIRE	PRIX MINISTÉRIELS au CLASSEMENT.		
Numéros.	DÉNOMINATION.	Numéros.	DÉNOMINATION.		neuf.	en cours de durée.	d'instruction.
		13	de saxhorn (*Suite*). baryton ordinaire	Nombre.	15 00	12 00	3 00
		14	baryton à 6 pistons	*Idem.*	19 00	15 20	3 80
		15	basse ordinaire	*Idem.*	16 00	12 80	3 20
		16	basse à 6 pistons	*Idem.*	20 00	16 00	4 00
		17	contre-basse mi bémol ordinaire	*Idem.*	18 00	14 40	3 60
		18	contre-basse mi bémol à 6 pistons	*Idem.*	21 00	16 80	4 20
		19	contre-basse grave en si bémol	*Idem.*	22 00	17 60	4 40
		20	contre-basse si bémol à 6 pistons	*Idem.*	25 00	20 00	5 00
	Etuis en basane pour instruments de musique... (*Suite.*)	21	de trompette à 3 pistons	*Idem.*	12 00	9 60	2 40
		22	de trompette à 6 pistons	*Idem.*	13 00	10 40	2 60
		23	de trombone à 4 pistons	*Idem.*	13 00	10 40	2 60
		24	de trombone à 6 pistons	*Idem.*	13 00	10 40	2 60

PAR UNITÉ SOMMAIRE.		PAR UNITÉ DÉTAILLÉE.		UNITÉ RÈGLE-MENTAIRE	PRIX MINISTÉRIELS au CLASSEMENT.		
Numéros.	DÉNOMINATION.	Numéros.	DÉNOMINATION.		neuf.	en cours de durée.	d'instruction.
79	ʺ Instruments de musique et équipement de musiciens. (*Suite.*)	25	de saxo-tromba-alto	Nombre.	13 00	10 40	2 60
		26	de cymbales	*Idem.*	12 00	9 60	2 40
		27	divers	*Idem.*	»	»	»
		28	Giberne porte-musique d'infanterie et du génie	*Idem.*	6 75	5 40	1 35
		29	Giberne porte-musique de cavalerie et d'artillerie	*Idem.*	6 90	5 50	1 40
		30	Petite flûte en ré bémol	*Idem.*	95 00	76 00	19 00
		31	Grande flûte en ut	*Idem.*	240 00	192 00	48 00
		32	Petite clarinette en mi bémol	*Idem.*	165 00	132 00	33 00
		33	Grande clarinette en si bémol	*Idem.*	165 00	132 00	33 00
		34	Hautbois	*Idem.*	185 00	148 00	37 00
		35	Saxophone Soprano, si bémol	*Idem.*	145 00	116 00	29 00
		36	Saxophone Alto, mi bémol	*Idem.*	155 00	124 00	31 00
		37	Saxophone Ténor, si bémol	*Idem.*	155 00	124 00	31 00
		38	Saxophone Baryton, mi bémol	*Idem.*	180 00	144 00	36 00
		39	Cornet à pistons si bémol, 4 trous	*Idem.*	65 00	52 00	13 00
		40	Cornet à pistons si bémol, à 6 pistons	*Idem.*	145 00	116 00	29 00
		41	Trompette à 3 pistons, 7 trous	*Idem.*	80 00	64 00	16 00
		42	Trompette à 6 pistons	*Idem.*	155 00	124 00	34 00

CLASSIFICATION DES MATIÈRES ET EFFETS

PAR UNITÉ SOMMAIRE		PAR UNITÉ DÉTAILLÉE		UNITÉ RÈGLEMENTAIRE	PRIX MINISTÉRIELS au CLASSEMENT		
Numéros.	DÉNOMINATION.	Numéros.	DÉNOMINATION.		neuf.	en cours de durée.	d'instruction.
79	Instruments de musique et équipement de musiciens. (*Suite*).	43	Saxo-tromba-alto, mi bémol	Nombre.	65 00	52 00	13 00
		44	Petit saxhorn soprano, mi bémol	*Idem.*	125 00	100 00	25 00
		45	Saxhorn contre-alto, si bémol, ordinaire	*Idem.*	55 00	44 00	11 00
		46	à 6 pistons	*Idem.*	135 00	108 00	27 00
		47	alto, mi bémol, à 6 pistons	*Idem.*	160 00	128 00	32 00
		48	baryton, si bémol, ordinaire	*Idem.*	75 00	60 00	15 00
		49	à 6 pistons	*Idem.*	180 00	144 00	36 00
		50	basse, si bémol, à 4 pistons	*Idem.*	115 00	92 00	23 00
		51	à 6 pistons	*Idem.*	200 00	160 00	40 00
		52	contre-basse, mi bémol, ordinaire	*Idem.*	120 00	96 00	24 00
		53	à 6 pistons	*Idem.*	235 00	188 00	47 00
		54	contre-basse grave, si bémol, ordinaire	*Idem.*	190 00	152 00	38 00
		55	contre-basse si bémol, à 6 pistons	*Idem.*	275 00	220 00	55 00
		56	Trombone à 4 pistons (ut et si bémol)	*Idem.*	100 00	80 00	20 00
		57	à 6 pistons	*Idem.*	160 00	128 00	32 00
		58	Grosse caisse	*Idem.*	120 00	96 00	24 00
		59	Caisse claire	*Idem.*	50 00	40 00	10 00
		60	Cymbales (paire de)	*Idem.*	90 00	72 00	18 00
		61	Divers (A)	*Idem.*	»	»	»
		62	Divers	*Idem.*	»	»	»
80	Porte-épées et porte-fourreaux	1	Porte-fourreau de sabre-baïonnette modèle 1866	*Idem.*	2 10	1 70	0 45
		2	Porte-fourreau divers	*Idem.*	»	»	»
		3	baïonnette modèle 1877	*Idem.*	1 90	1 50	0 40
		4	baïonnette modèle 1888	*Idem.*	1 90	1 50	0 40
		5	Porte-épée pour sous-officier et musicien du génie et pour le cadre des écoles militaires préparatoires d'infanterie	*Idem.*	2 30	2 05	0 50
		6	divers	*Idem.*	»	»	»
81	Sifflets de signal et accessoires	1	Cordon de sifflet de signal	*Idem.*	0 20	0 15	0 04
		2	Etui de sifflet de signal	*Idem.*	0 50	0 40	0 10

CLASSIFICATION DES MATIÈRES ET EFFETS

PAR UNITÉ SOMMAIRE.		PAR UNITÉ DÉTAILLÉE.		UNITÉ RÉGLE-MENTAIRE	PRIX MINISTÉRIELS au CLASSEMENT		
Numéros.	DÉNOMINATION.	Numéros.	DÉNOMINATION.		neuf.	en cours de durée.	d'instruction.
81	" Sifflets de signal et accessoires...... (*Suite.*)	3	Sifflet de signal..................	Nombre.	0 90	0 70	0 20
		4	Divers.........................	*Idem.*	»	»	»
		1	Caisse complète.................	*Idem.*	23 95	19 15	4 80
		2	Baguettes (paire de).............	*Idem.*	3 00	2 40	0 60
		3	Bretelle de caisse...............	*Idem.*	3 25	2 60	0 65
		4	Cercle de caisse.................	*Idem.*	0 80	0 65	0 15
		5	Collier.........................	*Idem.*	6 50	5 20	1 30
		6	Contre-sanglon.................	*Idem.*	0 70	0 55	0 15
		7	Cordage de caisse..............	*Idem.*	0 65	0 50	0 15
	Caisse et accessoires.	8	Cuissière......................	*Idem.*	·5 50	4 40	1 40
		9	Ecusson porte-baguettes (seul)......	*Idem.*	1 50	1 20	0 30
		10	Fût de caisse...................	*Idem.*	15 00	12 00	3 00
		11	Peau..... { de batterie............	*Idem.*	2 50	2 00	0 50
82	" Sonnerie ou batterie (instruments et accessoires de)...	12	{ de timbre............	*Idem.*	1 75	1 40	0 35
		13	Timbre........................	*Idem.*	0 50	0 40	0 10
		14	Tirant ou coulant..............	*Idem.*	0 10	0 08	0 02
		15	Vis de timbre..................	*Idem.*	0 10	0 08	0 02
		16	Divers.........................	*Idem.*	»	»	»
		17	Clairon... { d'ordonnance...........	*Idem.*	20 00	16 00	4 00
		18	{ chasseur Millereau	*Idem.*	18 00	14 40	3 60
	Clairons, trompettes et leurs accessoires......	19	Cordon... { de clairon...........	*Idem.*	2 50	2 00	0 50
		20	{ de trompette..........	*Idem.*	2 65	2 15	0 55
		21	Courroie de clairon ou de trompette.	*Idem.*	1 60	1 30	0 30
		22	Sourdines pour trompettes	*Idem.*	0 75	0 60	0 15
		23	Trompettes diverses...............	*Idem.*	22 00	17 60	4 40
		24	Divers.........................	*Idem.*	»	»	»

§ 2. — *Pièces et accessoires d'effets de grand équipement.*

PAR UNITÉ SOMMAIRE.		PAR UNITÉ DÉTAILLÉE.		UNITÉ RÉGLE-MENTAIRE	PRIX MINISTÉRIELS au CLASSEMENT		
83	" Pièces et accessoires d'effets de grand équipement.	1	Accessoires et pièces de garniture de ceinturon... { Anneau de ceinturon................	Nombre.	0 15	0 12	0 03
		2	Bélières. { grande ... { en cuir ciré........	*Idem.*	1 10	0 90	0 20
		3	{ en cuir { troupes à verni. { cheval....	*Idem.*	1 10	0 90	0 20

CLASSIFICATION DES MATIÈRES ET EFFETS.

PAR UNITÉ SOMMAIRE.		PAR UNITÉ DÉTAILLÉE.		UNITÉ RÈGLE-MENTAIRE	PRIX MINISTÉRIELS au CLASSEMENT		
Numéros.	DÉNOMINATION.	Numéros.	DÉNOMINATION.		neuf.	en cours de durée.	d'instruction.
		4	Bélières (Suite) grande... en cuir / verni. troupes à pied	Nombre.	0 80	0 65	0 15
		5	petite	Idem.	0 60	0 50	0 12
		6	Boucles, de ceinturon	Idem.	0 25	0 20	0 05
		7	du gousset porte-épée baïonnette	Idem.	0 05	0 04	0 01
		8	porte-sabre baïonnette	Idem.			
		9	à barrette mobile du ceinturon de cavalerie	Idem.	0 35	0 30	0 07
		10	Chape... mobile en cuivre pour ceinturon de sapeurs conducteurs du génie / en cuivre neuf	Idem.	0 40	0 35	0 08
	Accessoires et pièces de garnitures de ceinturon... (Suite.)	11	en transformation	Idem.	0 35	0 30	0 07
		12	Coulant pour ceinturon en cuivre neuf	Idem.	0 20	0 16	0 04
		13	en transformation	Idem.	0 16	0 13	0 04
83	Pièces et accessoires d'effets de grand équipement. (Suite.)	14	Crochet de sabre en S (sapeurs conducteurs du génie, artillerie)	Idem.	0 15	0 12	0 03
		15	pour sergent-major	Idem.	0 10	0 08	0 02
		16	D. d'agrafe de plaque (1) Cavalerie.	Idem.	0 10	0 08	0 02
		17	Infanterie.	Idem.			
		18	de bélière	Idem.	0 10	0 08	0 02
		19	Entre-deux avec anneau et crochet	Idem.	0 90	0 70	0 20
		20	Verrou pour ceinturon de toutes armes en cuivre neuf	Idem.	0 10	0 08	0 02
		21	en transformation	Idem.	0 08	0 07	0 02
		22	Divers	Idem.	»	»	»
		23	Boucle	Idem.	0 25	0 20	0 05
		24	Accessoires de giberne et garniture de banderole de giberne... Bouton	Idem.	0 05	0 04	0 01
		25	Canons croisés	Idem.	0 30	0 25	0 06
		26	Coulant	Idem.	0 10	0 08	0 02
		27	D.	Idem.	0 05	0 04	0 01
		28	Grenade... d'artillerie	Idem.	0 15	0 12	0 03
		29	du génie	Idem.	0 20	0 15	0 04

(1) Cet objet ne doit être décompté que lorsqu'il n'est pas fixé à la bande du ceinturon.

| CLASSIFICATION DES MATIÈRES ET EFFETS | | | | UNITÉ RÉGLEMENTAIRE | PRIX MINISTÉRIELS au CLASSEMENT | | |
| PAR UNITÉ SOMMAIRE. | | PAR UNITÉ DÉTAILLÉE. | | | | | |
Numéros.	DÉNOMINATION.	Numéros.	DÉNOMINATION.		neuf.	en cours de durée.	d'instruction.
	Accessoires de giberne et garniture de banderole de giberne..... (Suite.)	30	Passant	Nombre.	0 10	0 08	0 02
		31	Plateau à tourillon et chape mobile	Idem.	1 00	0 80	0 20
		32	Tourillon	Idem.	0 30	0 25	0 06
		33	Divers	Idem.	»	»	»
		34	Bretelle	Idem.	1 50	1 20	0 30
		35	Contre-sanglon	Idem.	0 25	0 20	0 05
		36	Courroie { de capote	Idem.	0 60	0 50	0 12
		37	Courroie { de charge	Idem.	1 20	0 95	0 25
		38	Courroie { petite	Idem.	0 50	0 40	0 10
	Accessoires de havresac..	39	Crochet pour contre-sanglon de havresac et bretelle de suspension { en cuivre neuf	Idem.	0 07	0 06	0 02
		40	{ en transformation	Idem.	0 06	0 05	0 01
		41	Planchettes (cadre en bois)	Idem.	0 85	0 70	0 20
83	Pièces et accessoires d'effets de grand équipement. (Suite).	42	Rivet	Idem.	0 03	»	»
		43	Tiroir à cartouches	Idem.	0 80	0 65	0 15
		44	Divers	Idem.	»	»	»
	Accessoires divers.	45	Ardillon de boucle de bretelles	Idem.	0 02	»	»
		46	Boucle { de banderole d'étui de revolver	Idem.	0 10	0 08	0 02
		47	Boucle { de bretelle de fusil	Idem.			
		48	Boucle { de ceinture d'étui de revolver	Idem.			
		49	Bouton { à deux têtes { pour bretelle de fusil	Idem.	0 05	0 04	0 01
		50	Bouton { à deux têtes { pour porte-giberne	Idem.			
		51	Bouton { à gorge { grand	Idem.			
		52	Bouton { à gorge { petit	Idem.			
		53	Bouton { de cartouchière et de giberne	Idem.			
		54	Plaque de martingale d'étui de revolver	Idem.	0 15	0 12	0 03
		55	Divers	Idem.	»	»	»

CLASSIFICATION DES MATIÈRES ET EFFETS

PAR UNITÉ SOMMAIRE.		PAR UNITÉ DÉTAILLÉE.		UNITÉ RÈGLE-MENTAIRE	PRIX MINISTÉRIELS au CLASSEMENT		
Numéros.	DÉNOMINATION.	Numéros.	DÉNOMINATION.		neuf.	en cours de durée.	d'instruction.
			§ 3. — *Accessoires divers d'équipement.*				
		1	'' Bâton ferré pour chasseurs alpins	Nombre.	0 75	0 60	0 15
		2	'' Besaces (petites)	Idem.	0 90	0 70	0 20
		3	Botte de lance avec lanière	Idem.	1 50		
		4	'' Cordon de plaque d'identité (le mètre 0.02)	Idem. (0,80)	0 016	»	»
		5	Couteau de détenu	Idem.	0 20		
		6	'' Cuiller	Idem.	0 10	0 08	0 02
		7	'' Etui-musette { modèle ordinaire	Idem.	0 55	0 45	0 10
		8	nouveau modèle	Idem.	1 15	0 90	0 25
		9	d'alignement	Idem.	2 75		
		10	pour arbitres	Idem.	2 00		
		11	Pour général commandant en chef un groupe d'armée	Idem.	17 95		
84	Besaces, étuis, sacs, trousses et accessoires divers	12	Fanions (flamme seule) — Pour major général d'un groupe d'armées	Idem.	7 00		
		13	en chef une armée	Idem.	3 50		
		14	un corps d'armée	Idem.	1 55		
		15	l'artillerie ou le génie d'une armée	Idem.	1 50		
		16	la 1re div. d'infant. d'un corps d'armée	Idem.	1 55		
		17	la 2e div. d'infant. d'un corps d'armée	Idem.	1 85		
		18	la 3e div. d'infant. d'un corps d'armée	Idem.	2 25		
		19	une div. d'infant. non comprise dans un corps d'armée	Idem.	2 05		
		20	un groupe de divisions de cavalerie	Idem.	1 50		
		21	la brigade d'artillerie d'un corps d'armée	Idem.	1 20		
		22	la brigade de cavalerie d'un corps d'armée	Idem.	1 20		
		23	une division de cavalerie	Idem.	1 50		

Accolades: nº 13 à 18 « pour quartiers généraux. » ; nº 12 à 23 « Pour général commandant ».

CLASSIFICATION DES MATIÈRES ET EFFETS

PAR UNITÉ SOMMAIRE.		PAR UNITÉ DÉTAILLÉE.		UNITÉ RÉGLEMENTAIRE	PRIX MINISTÉRIELS au CLASSEMENT		
Numéros.	DÉNOMINATION.	Numéros.	DÉNOMINATION.		neuf.	en cours de durée.	d'instruction.
		24	Pour..... { sections de munitions d'infanterie.............	Nombre.	1 30		
		25	1re, 2e et 3e sections du parc d'artillerie.......				
		26	caissons de bataillon....				
	Fanions (flamme seule) (Suite.)	27	Pour..... { sections de munitions d'artillerie.	Idem.	1 30		
		28	4e section du parc d'artillerie.............				
		29	divers.............	Idem.	»		
		30	Flamme de lance.............	Idem.	0 70		
		31	'' Fouet.............	Idem.	1 00	0 80	0 20
		32	'' Fourchette.............	Idem.	0 06	0 05	0 04
		33	'' Gamelle individuelle. { cavalerie.............	Idem.	1 25	1 00	0 25
		34	Infanterie.............	Idem.	1 15	0 90	0 25

PAR UNITÉ SOMMAIRE.		PAR UNITÉ DÉTAILLÉE.		UNITÉ RÉGLEMENTAIRE	PRIX MINISTÉRIELS au CLASSEMENT		
Numéros.	DÉNOMINATION.	Numéros.	DÉNOMINATION.		neuf.	en cours de durée.	d'instruction.
84	Besaces, étuis, sacs, trousses et accessoires divers..... (Suite).	35	Lance porte-fanion.............	Idem.	10 80		
		36	Pour général commandant en chef un groupe d'armées.............	Idem.	33 00		
		37	major général d'un groupe d'armées.				
		38	Pour...... { général commandant en chef une armée.	Idem.	24 00		
		39	général commandant un corps d'armée.............				
		40	général commandant un groupe de divisions de cavalerie.............				
		41	général commandant l'artillerie et le génie d'une armée.............				
		42	général commandant la 1re division d'infanterie d'un corps d'armée.				
		43	Pour...... { général commandant la 2e division d'infanterie d'un corps d'armée.	Idem.	24 50		
		44	général commandant la 3e division d'infanterie d'un corps d'armée.				
		45	général commandant une division d'infanterie non comprise dans un corps d'armée.............				
		46	général commandant une division de cavalerie.............				

The word "Lanternes." is printed vertically in the left margin of the detailed-unit column on page 129.

CLASSIFICATION DES MATIÈRES ET EFFETS				UNITÉ RÉGLEMENTAIRE	PRIX MINISTÉRIELS au CLASSEMENT		
PAR UNITÉ SOMMAIRE.		PAR UNITÉ DÉTAILLÉE.					
Numéros.	DÉNOMINATION.	Numéros.	DÉNOMINATION.		neuf.	en cours de durée.	d'instruction.
84	Besaces, étuis, sacs, trousses et accessoires divers..... (*Suite.*)	47	Lanternes (*Suite*). Pour ...... général commandant la brigade d'artillerie d'un corps d'armée..	Nombre.	24 50		
		48	Lanternes (*Suite*). Pour ...... général commandant la brigade de cavalerie d'un corps d'armée.	Nombre.	24 50		
		49	Lanternes (*Suite*). Pour les ... sections de munitions d'infanterie.	*Idem.*	24 50		
		50	Lanternes (*Suite*). Pour les ... 1re, 2e et 3e sect. du parc d'artill.	*Idem.*	24 50		
		51	Lanternes (*Suite*). Pour les ... caissons de bataillon..........	*Idem.*	24 50		
		52	Lanternes (*Suite*). Pour les ... sections de munitions d'artillerie.	*Idem.*	24 50		
		53	Lanternes (*Suite*). Pour les ... 4e section du parc d'artillerie....	*Idem.*	24 50		
		54	Lanternes (*Suite*). Diverses..................	*Idem.*	»		
		55	** Musette de pansage (1). Garnie..................	*Idem.*	5 90	4 70	1 20
		56	** Musette de pansage (1). Non garnie..............	*Idem.*	0 55	0 45	0 10
		57	** Musette de pansage en toile cachou (1). Garnie..............	*Idem.*	6 15	4 95	1 25
		58	** Musette de pansage en toile cachou (1). Non garnie..............	*Idem.*	0 80	0 65	0 15
		59	Plaque d'identité..................	Nombre.	0 03		
		60	Portefeuille.. d'estafette du service de la trésorerie et des postes..........	*Idem.*	8 25		
		61	Portefeuille.. de secrétaire d'état-major..........	*Idem.*	19 00		
		62	Sacs........ ** à avoine..................	*Idem.*	2 60	2 10	0 50
		63	Sacs........ à effets pour détenus..............	*Idem.*	0 60	»	»
		64	Sacs........ ** de petite monture pour hommes non montés (2).. garni.. avec trousse.	*Idem.*	3 86	3 09	0 77
		65	Sacs........ ** de petite monture pour hommes non montés (2).. garni.. sans trousse..	*Idem.*	2 75	2 20	0 55
		66	Sacs........ ** de petite monture pour hommes non montés (2).. non garni..........	*Idem.*	0 30	0 25	0 06
		67	Sachets pour vivres de réserve (3)..............	*Idem.*	0 20	0 15	0 04

(1) Objets de pansage qui composent la musette garnie (ancien et nouveau modèle) :

Etrille..........	0f 35	0f 55
Brosse à cheval..........	2 60	2 60
Torchon-serviette..........	0 50	0 50
Eponge..........	1 10	1 10
Une paire de ciseaux..........	0 60	0 60
Musette non garnie..........	0 55	0 80
	5 90 (A)	6 15 (A)

(A) Ce prix est diminué de 1 fr. 60 si la brosse à cheval est remplacée par la brosse en chiendent.

(2) Objets de petite monture renfermés dans le sac :

Boîte à graisse..........	0f 16
Brosse à boutons..........	0 30
— à reluire..........	0 45
— pour armes..........	0 15
— à habits..........	0 45
— double à chaussures..........	0 30
Cuiller..........	0 10
Fiole à tripoli..........	0 05
A reporter..........	1 96
Report..........	1 96
Fourchette..........	0 06
Martinet..........	0 40
Patience..........	0 03
Trousse garnie..........	1 11
	3 56
Sac vide..........	0 30
Sac garni..........	3 86

(3) Ceux de ces effets qui sont déposés dans les compagnies, étant entretenus et remplacés sur les fonds particuliers de ces unités, font partie, dans ce cas, de la 2e portion.

CLASSIFICATION DES MATIÈRES ET EFFETS

PAR UNITÉ SOMMAIRE.		PAR UNITÉ DÉTAILLÉE.		UNITÉ RÉGLEMENTAIRE	PRIX MINISTÉRIELS au CLASSEMENT		
Numéros.	DÉNOMINATION.	Numéros.	DÉNOMINATION.		neuf.	en cours de durée.	d'instruction.
84	Besaces, étuis, sacs, trousses et accessoires divers..... (*Suite.*)	68	Sachets à cartourches..........	Nombre.	0 20	0 15	0 04
		69	Sacoches { pour estafette du service de la trésorerie et des postes..........	Idem.	37 00	»	»
		70	pour maréchal des logis chef de cavalerie..........	Idem.	11 00	8 80	- 2 20
		71	" Tasse ou quart..........	Idem.	0 30	0 25	0 06
		72	" Trousse.... en basane (1). { garnie..........	Idem.	1 11	0 90	0 20
		73	non garnie..........	Idem.	0 25	0 20	0 05
		74	à boutons..........	Idem.	0 20	0 13	0 04
		75	Divers..........	Idem.	»	»	»
		1	Boite double à graisse et à cirage....	Idem.	0 16	0 13	0 03
		2	à boutons..........	Idem.	0 30	0 25	0 06
		3	à habits..........	Idem.	0 45	0 35	0 09
		4	à laver..........	Idem.	0 65	0 50	0 13

PAR UNITÉ SOMMAIRE.		PAR UNITÉ DÉTAILLÉE.		UNITÉ RÉGLEMENTAIRE	PRIX MINISTÉRIELS au CLASSEMENT		
Numéros.	DÉNOMINATION.	Numéros.	DÉNOMINATION.		neuf.	en cours de durée.	d'instruction.
85	" Effets et objets de propreté et de pansage..........	5	Brosse à reluire..........	Idem.	0 45	0 35	0 10
		6	de propreté.. double à chaussures..........	Idem.	0 30	0 25	0 06
		7	pour armes..........	Idem.	0 15	0 12	0 03
		8	Fiole à tripoli..........	Idem.	0 05	0 04	0 01
		9	Martinet..........	Idem.	0 40	0 30	0 08
		10	Patience..........	Idem.	0 03	»	»
		11	Serviette..........	Idem.	0 50	0 40	0 10
		12	Brosse { à cheval, en crin..........	Idem.	2 60	2 10	0 50
		13	en chiendent..........	Idem.	1 00	0 80	0 20
		14	Ciseaux (paire de)..........	Idem.	0 60	0 50	0 12
		15	Corde à fourrage..........	Idem.	0 80	0 65	0 15
		16	de pansage.. Éponge..........	Idem.	1 10	0 90	0 20
		17	Étrille..........	Idem.	0 55	0 45	0 10
		18	Peigne à cheval..........	Idem.	0 35	0 30	0 07
		19	Torchon-serviette..........	Idem.	0 50	0 40	0 10

(1) Objets composant la trousse garnie :

Trousse vide..........	0'25	Report..........	0'78
Ciseaux..........	0 40	4 écheveaux de fil..........	0 08
Bobine garnie..........	0 10	Peigne..........	0 15
Dé en fer..........	0 03	Glace..........	0 10
A reporter..........	0 78	Total..........	1 11

CLASSIFICATION DES MATIÈRES ET EFFETS

PAR UNITÉ SOMMAIRE		PAR UNITÉ DÉTAILLÉE		UNITÉ RÈGLEMENTAIRE	PRIX MINISTÉRIELS au CLASSEMENT		
Numéros	DÉNOMINATION	Numéros	DÉNOMINATION		neuf	en cours de durée	d'instruction
85	'' Effets et objets de propreté et de pansage (*Suite*).	20	Bobine garnie avec alêne emmanchée.	Nombre.	0 10	0 08	0 02
	Composant la trousse-garnie	21	Ciseaux (paire de)	Idem.	0 40	0 30	0 08
		22	Dé à coudre	Idem.	0 03	»	»
		23	Fil (collection réglementaire de quatre écheveaux)	Idem.	0 08	»	»
		24	Glace	Idem.	0 10	0 08	0 02
		25	Peigne	Idem.	0 15	0 12	0 03
		26	Coton rouge à marquer (en pelotes)	Idem.	0 10	»	»
		27	Divers	Idem.	»	»	»
86	Effets d'équipement	1	"Banderole d'étui de revolver	Idem.	1 00	0 80	0 20
		2	"Bretelle de carabine	Idem.	1 65	1 35	0 35
		3	"Ceinturon	Idem.	4 25	3 40	0 85
		4	"Cordon de trompette	Idem.	2 95	2 35	0 60
		5	"Courroie de trompette	Idem.	1 45	1 15	0 30
	spéciaux à l'usage des spahis	6	"Dragonne { de sabre d'adjudant	Idem.	1 25	1 00	0 25
		7	Dragonne { de sabre	Idem.	1 65	1 35	0 35
		8	"Etui de revolver	Idem.	5 30	4 25	1 05
		9	"Giberne avec porte giberne	Idem.	4 55	3 65	0 90
		10	"Musette en cuir	Idem.	7 20	5 75	1 45
		11	"Lanière de revolver	Idem.	0 45	0 35	0 10
		12	Divers	Idem.	»	»	»

§ 4. — *Effets d'équipement spéciaux.*

PAR UNITÉ SOMMAIRE		PAR UNITÉ DÉTAILLÉE		UNITÉ RÈGLEMENTAIRE	PRIX MINISTÉRIELS au CLASSEMENT		
Numéros	DÉNOMINATION	Numéros	DÉNOMINATION		neuf	en cours de durée	d'instruction
87	Effets spéciaux aux sous-officiers rengagés ou commissionnés ainsi qu'aux sous-officiers élèves officiers et aux élèves d'administration stagiaires. "Ceinturon complet. Sous-officier rengagé.	1	Infanterie et corps assimilés (sauf les chasseurs à pied, les zouaves et les tirailleurs)	Nombre.	5 50		
		2	Chasseurs à pied	Idem.	7 25		
		3	Zouaves et tirailleurs	Idem.	7 50		
		4	Cavalerie	Idem.	3 50		
		5	Artillerie et train des équipages	Idem.	5 00		
		6	Génie. { sapeurs-mineurs	Idem.	5 50		
		7	Génie. { sapeurs-conducteurs	Idem.	7 50		
		8	Spahis	Idem.	6 65		

CLASSIFICATION DES MATIÈRES ET EFFETS

PAR UNITÉ SOMMAIRE.		PAR UNITÉ DÉTAILLÉE.		UNITÉ RÉGLE-MENTAIRE	PRIX MINISTÉRIELS au CLASSEMENT		
numéros. / DÉNOMINATION.		Numéros.	DÉNOMINATION.		neuf.	en cours de durée.	d'instruction.
87	Effets spéciaux aux sous-officiers rengagés ou commissionnés ainsi qu'aux sous-officiers élèves officiers et aux élèves d'administration stagiaires....... (*Suite*).	9	Ceinturon complet. (*Suite.*) Sous-officier élève officier. Ecole militaire d'infanterie........	Nombre.	5 50		
		10	Ecole d'application de cavalerie....	Idem.	5 00		
		11	Ecole militaire d'artillerie et du génie } Artillerie et train.	Idem.	5 75		
		12	Génie.........	Idem.	5 50		
		13	Elève d'administration stagiaire............	Idem.	5 50		
		14	Dragonne pour sous-officier rengagé et sous-officier élève-officier } troupes à cheval.	Idem.	1 25		
		15	troupes à pied...	Idem.	0 95		
		16	spahis.........	Idem.	0 90		
		17	Divers...........	Idem.	»		
		1	de fusil..... telle, Ecole polytechnique......	Idem.	0 65		
		2	Ecole spéciale militaire....	Idem.	0 75		
		3	Ecole du service de santé militaire............	Idem.	0 95		
		4	Prytanée militaire.........	Idem.	1 05		
88	Effets spéciaux aux élèves et aux cadres des diverses écoles..........	5	Bre de fusil scolaire (Prytanée militaire)......	Idem.	0 90		
		6	Ecole polytechnique, modèle 1882........	Idem.	1 65		
		7	Ecole spéciale militaire.... { modèle 1882.	Idem.	1 80		
		8	de cavalerie (élève)....	Idem.	2 45		
		9	Cartouchière. Ecole du service de santé militaire......	Idem.	2 33		
		10	Prytanée militaire............	Idem.	2 55		
		11	Ceinturon de grand équipement. Ecole polytechnique. d'épée, en cuir verni avec agrafes plateaux { élève....	Idem.	3 90		
		12	sous-officier....	Idem.	3 15		
		13	du modèle général, sans plaque, pour troupes à pied....	Idem.	1 05		
		14	Ecole spéciale militaire. en cuir verni. élève et cadre. { sergent-major	Idem.	2 90		
		15	maréchal des logis chef..	Idem.	3 10		
		16	maréchal des logis chef d'artillerie........	Idem.	3 10		
		17	d'artillerie. { hommes montés.....	Idem.	2 90		
		18	hommes non montés.	Idem.	3 05		
		19	en cuir verni pour épée (cadre).	Idem.	2 90		

| CLASSIFICATION DES MATIÈRES ET EFFETS | | | | | UNITÉ RÉGLEMENTAIRE | PRIX MINISTÉRIELS au CLASSEMENT | | |
| PAR UNITÉ SOMMAIRE. | | PAR UNITÉ DÉTAILLÉE. | | | | | | |
Numéros.	DÉNOMINATION.	Numéros.	DÉNOMINATION.			neuf.	en cours de durée.	d'instruction.
		20	Ecole spéciale militaire. (Suite).	en cuir verni. pour élève et cadre. Infanterie....	Nombre.	2 45		
		21		Cavalerie....	Idem.	2 45		
		22		en cuir verni. pour sous-officiers rengagés. Infanterie....	Idem.	3 80		
		23		Cavalerie....	Idem.	3 80		
		24		Artillerie....	Idem.	3 45		
		25		en cuir ciré pour élève et homme du cadre. Infanterie....	Idem.	1 15		
		26		Cavalerie....	Idem.	2 75		
		27	Ecole du service de santé militaire.	en cuir verni. avec médaillons dorés au mercure, pour élève............	Idem.	8 45		
		28		pour vareuse	Idem.	3 35		
		29		pour sous-officier rengagé............	Idem.	4 90		
		30		du modèle pour troupes à pied (sans plaque).....	Idem.	1 50		
88	Effets spéciaux aux élèves et aux cadres des diverses écoles.......... (Suite.)	31	Ceinturon.	général. pour troupes à cheval.	Idem.	2 60		
		32		de sous-officier rengagé (complet)	Idem.	5 40		
		33	Prytanée militaire.	de bataillon scolaire........	Idem.	1 35		
		34		d'infanterie..............	Idem.	1 65		
		35		de sergent-major d'infanterie et du génie..............	Idem.	4 15		
		36		du train des équipages.......	Idem.	4 05		
		37	Ecoles militaires préparatoires	de cavalerie (sans martingale). Ecole d'Autun	Idem.	2 40		
		38		Ecole de Billom......	Idem.	2 40		
		39	Ecole spéciale militaire..	de sabre pour sergent-major et maréchal des logis chef.....	Idem.	0 90		
		40		de sabre ou d'épée pour sous-officiers rengagés.... Infanterie....	Idem.	0 65		
		41		Cavalerie et artillerie...	Idem.	0 90		
		42	Ecole du service de santé militaire.	de sabre pour élève de cavalerie et homme du cadre.....	Idem.	0 60		
		43		d'épée pour sous-officier rengagé	Idem.	0 85		
		44		de sabre..............	Idem.	1 15		

(Accolades : *on (Suite).* / *de grand équipement. (Suite.)* / *Dragonne.*)

CLASSIFICATION DES MATIÈRES ET EFFETS					UNITÉ RÉGLE-MENTAIRE	PRIX MINISTÉRIELS au CLASSEMENT		
PAR UNITÉ SOMMAIRE.		PAR UNITÉ DÉTAILLÉE.						
Numéros.	DÉNOMINATION.	Numéros.	DÉNOMINATION.			neuf.	en cours de durée.	d'instruction.
		45	Dragonne (Suite). Prytanée militaire.	de sous-officier rengagé { Infanterie....	Nombre.	0 95		
		46		Cavalerie....	Idem.	1 25		
		47		de sergent-major............	Idem.	0 85		
		48		de sabre de cavalerie........	Idem.	1 25		
		49	Étui de revolver en cuir fauve.	Ecole spéciale militaire.....	Idem.	4 55		
		50		Ecole du service de santé militaire.................	Idem.	5 00		
		51	Havresac en toile (modèle 1882)........	Ecole polytechnique.........	Idem.	9 85		
		52		Ecole spéciale militaire.......	Idem.	10 90		
		53		Ecole du service de santé militaire................	Idem.	14 05		
		54		Prytanée militaire..........	Idem.	15 50		
		55	Ecole polytechnique (Suite).	du modèle général........	Idem.	0 30		

					UNITÉ RÉGLE-MENTAIRE	neuf.	en cours de durée.	d'instruction.
88	Effets spéciaux aux élèves et aux cadres des diverses écoles........... (Suite.)	56	de grand équipement. Plaque de ceinturon. Ecole spéciale militaire...	élève.. { ceinturon en cuir ciré...........	Idem.	0 45		
		57		ceinturon en cuir verni.............	Idem.	0 55		
		58		cadre. { ceinturon d'infanterie (avec coulant et verrou)......	Idem.	0 55		
		59		ceinturon de cavalerie (avec chape à barette et verrou).......	Idem.	0 55		
		60		ceinturon d'épée avec verrou....	Idem.	0 50		
		61	Ecole du service de santé militaire.	ceinturon d'infanterie.....	Idem.	0 60		
		62	Prytanée militaire...... { ceinturon..	de bataillon scolaire...........	Idem.	0 45		
		63		de sergent-major..	Idem.	0 80		
		64		d'infanterie.......	Idem.	0 45		
		65	Porte-épée baïonnette...	Ecole polytechnique, (modèle 1877)...................	Idem.	1 35		
		66		Ecole spéciale militaire... { en cuir ciré pour élève et homme du cadre.....	Idem.	1 50		

CLASSIFICATION DES MATIÈRES ET EFFETS				UNITÉ RÉGLEMENTAIRE	PRIX MINISTÉRIELS au CLASSEMENT		
PAR UNITÉ SOMMAIRE.		**PAR UNITÉ DÉTAILLÉE.**					
Numéros.	DÉNOMINATION.	Numéros.	DÉNOMINATION.		neuf.	en cours de durée.	d'instruction.
		67	Porte-épée baïonnette. (Suite.) — Ecole spéciale militaire. (Suite.) en cuir verni pour élève	Nombre.	1 35		
		68	Prytanée militaire.............	Idem.	2 10		
		69	Porte-fourreau de sabre-baïonnette...... — Ecole du service de santé militaire.............	Idem.	1 90		
		70	Prytanée militaire............	Idem.	2 10		
		71	Coulant de ceinturon du modèle général. — Ecole polytechnique	Idem.	0 15		
		72	Ecole spéciale militaire.........	Idem.	0 15		
		73	Ecole du service de santé militaire.	Idem.	0 18		
		74	Prytanée militaire.	Idem.	0 19		
		75	Accessoires de — Crochet de sabre pour élève cavalier (Ecole spéciale militaire)	Idem.	0 15		

(de grand équipement. (Suite.))

CLASSIFICATION DES MATIÈRES ET EFFETS				UNITÉ RÉGLEMENTAIRE	PRIX MINISTÉRIELS au CLASSEMENT		
PAR UNITÉ SOMMAIRE.		**PAR UNITÉ DÉTAILLÉE.**					
Numéros.	DÉNOMINATION.	Numéros.	DÉNOMINATION.		neuf.	en cours de durée.	d'instruction.
88	Effets spéciaux aux élèves et aux cadres des diverses écoles............ (Suite)	76	ceinturon de sabre..... — Ecole polytechnique — de ceinturon du modèle général....	Idem.	0 07		
		77	Ecole spéciale militaire.... — de ceinturon en cuir ciré.	Idem.	0 08		
		78	de ceinturon en cuir verni.........	Idem.	0 04		
		79	Ecole du service de santé militaire ... — de ceinturon d'infanterie	Idem.	0 09		
		80	Boîte. — en bois pour chapeau... — Ecole polytechnique..	Idem.	0 50		
		81	Ecole du service de santé militaire.	Idem.	0 75		
		82	en carton pour képi (Ecole polytechnique)............	Idem.	0 40		
		83	Accessoires divers d'équipement — Brosse — Ecoles militaires préparatoires et orphelinat Hériot. — à dents......	Idem.	0 17		
		84	à tête........	Idem.	0 70		
		85	Cravache (Ecoles militaires préparatoires).............	Idem.	1 20		
		86	divers......................	Idem.	»		

(Verrou de ceinturon)

	PAR UNITÉ SOMMAIRE.		PAR UNITÉ DÉTAILLÉE.		UNITÉ RÉGLE-MENTAIRE	PRIX MINISTÉRIELS au CLASSEMENT		
Numéros.	DÉNOMINATION.	Numéros.		DÉNOMINATION.		neuf.	en cours de durée.	d'instruction.
89	Effets divers spéciaux.	1	de grand équipement. / aux gendarmes, réservistes et territoriaux.		Banderole porte-giberne...	Nombre.	3 80		
		2			Bretelle de fusil...	Idem.	0 80		
		3		Ceinturon.	complet (plaque, accessoires et porte-épée-baïonnette...	Idem.	4 20		
		4			seul...	Idem.	1 90		
		5			avec porte-épée-baïonnette (sans plaque ni accessoires)...	Idem.	3 35		
		6			Etui de revolver en cuir verni noir sans lanière...	Idem.	6 97		
		7			Giberne...	Idem.	4 40		
		8			Plaque de ceinturon...	Idem.	0 55		
		9		Accessoires de ceinturon.	chaque mobile.	Idem.	0 20		
		10			D d'agrafe...	Idem.	0 10		
		11	accessoires divers d'équipement.		Cadenas...	Idem.	0 45		
		12			Chaînette...	Idem.	0 45		
		13			Portefeuille de correspondance...	Idem.	6 05		
		14			Poucettes (paire)...	Idem.	1 00		
		15			Sac de petite monture garni.	Idem.	4 50		
		16	au personnel de la télégraphie militaire...	accessoires divers d'équipement.	Boîte en bois pour képi...	Idem.	1 25		
		17			Sac besace...	Idem.	6 20		
		18	de tenue de manège pour les élèves de l'Ecole d'application de cavalerie et de l'Ecole militaire d'artillerie et du génie...	accessoires divers d'équipement.	Cravache...	Idem.	7 00		
		19			Divers...	Idem.	»		

Nota. — Les effets du modèle général pour lesquels il n'est pas assigné de prix spéciaux par les marchés figurent à leurs numéros respectifs du présent chapitre.

CLASSIFICATION DES MATIÈRES ET EFFETS				UNITÉ RÉGLEMENTAIRE	PRIX MINISTÉRIELS au CLASSEMENT		
PAR UNITÉ SOMMAIRE.		PAR UNITÉ DÉTAILLÉE.					
Numéros. — DÉNOMINATION.		Numéros. — DÉNOMINATION.		MENTAIRE	neuf.	en cours de durée.	d'instruction.

CHAPITRE IV.
EFFETS DE CAMPEMENT.

N°	Dénomination (par unité sommaire)	N°	Dénomination (par unité détaillée)	Unité réglementaire	neuf.	en cours de durée.	d'instruction.
90	Couchage auxiliaire et couvertures...	1	Couvertures de modèles divers — grandes	Nombre.	13 00		
		2	petites	Idem.	6 50		
		3	Draps de lit — grand	Idem.	5 00		
		4	petit (A)	Idem.	3 60		
		5	divers	Idem.	»		
		6	Enveloppes — de matelas	Idem.	5 10		
		7	de paillasse	Idem.	3 50		
		8	de traversin	Idem.	0 60		
		9	diverses	Idem.	»		
		10	Hamac	Idem.	9 00		
		11	Moustiquaire — pour officier	Idem.	18 00		
		12	pour la troupe	Idem.	15 00		
		13	Nattes de couchage — ordinaires	Idem.	0 35		
		14	en Tunisie	Idem.	1 60		
		15	Paillassons divers	Idem.	3 00		
		16	Sacs de couchage divers	Idem.	3 20		
		17	Divers	Idem.	»		
91	Matières pour la literie...	1	Varech	Kilog.	0 35		
		2	Diverses	Idem.	»		
92	Tentes et accessoires.	1	Tentes complètes — baraque	Nombre.	1010 00		
		2	conique — à capuchon, pour 20 hommes	Idem.	154 45		
		3	de 6 mètres de diamètre, à muraille	Idem.	143 75		
		4	de conseil — à toit double	Idem.	345 60		
		5	conique	Idem.	282 50		
		6	de marche, pour officier	Idem.	43 45		
		7	du modèle Waldèjo	Idem.	9 80		

(A) Sacs de couchage non fermés, en toile de commerce, ayant les dimensions du sac tente abri.

CLASSIFICATION DES MATIÈRES ET EFFETS

PAR UNITÉ SOMMAIRE.		PAR UNITÉ DÉTAILLÉE.		UNITÉ RÈGLEMENTAIRE	PRIX MINISTÉRIELS au CLASSEMENT		
Numéros.	DÉNOMINATION.	Numéros.	DÉNOMINATION.		neuf.	en cours de durée.	d'instruction.
	Tentes complètes *(Suite).*	8	elliptique, du modèle modifié, pour 16 hommes........	Nombre.	157 70		
		9	individuelle, de forme cônique en coutil ou coton........	Idem.	»		
		10	diverses........	Idem.	»		
	Lits........	11	à tréteaux........	Idem.	11 00		
		12	de camp........	Idem.	3 75		
	Manteaux d'armes........	13	de compagnie........	Idem.	47 85		
		14	de piquet........	Idem.	60 65		
	Sacs tentes-abris........	15		Idem.	7 90		
		16	à capuchon, pour 20 hommes........	Idem.	142 00		
		17	cônique ... de 6 mètres de diamètre, à muraille........	Idem.	120 00		
92	Tentes et accessoires *(Suite.)*	18	de tentes . de conseil. à toit double....	Idem.	248 00		
		19	cônique........	Idem.	179 10		
		20	de marche, pour officier.....	Idem.	38 55		
		21	du modèle Waldéjo........	Idem.	8 50		
		22	Toiles.... elliptique, du modèle modifié, pour 16 hommes........	Idem.	136 00		
		23	diverses........	Idem.	»		
		24	de lits de camp........	Idem.	1 50		
		25	de manteaux d'armes. de compagnie...	Idem.	40 45		
		26	de piquet.......	Idem.	48 70		
		27	de sacs tentes-abris........	Idem.	6 90		
		28	diverses........	Idem.	»		
		29	Accessoires de tentes. Bois de tentes. Bâtonnet de manteau d'armes de compagnie........	Idem.	0 40		
		30	Branche de tente de conseil cônique........	Idem.	2 45		
		31	Montant. de manteau d'armes de compagnie....	Idem.	4 40		
		32	de manteau d'armes de piquet........	Idem.	2 00		

CLASSIFICATION DES MATIÈRES ET EFFETS

PAR UNITÉ SOMMAIRE.		PAR UNITÉ DÉTAILLÉE.		UNITÉ RÈGLE-MENTAIRE	PRIX MINISTÉRIELS au CLASSEMENT		
Numéros.	DÉNOMINATION.	Numéros.	DÉNOMINATION.		neuf.	en cours de durée.	d'instruction.
		33	Montant.. (Suite.) de tente cônique. { À capuchon....	Nombre.	5 00		
		34	de tente cônique. { À muraille	Idem.	2 20		
		35	de tente de conseil. { À toit double.....	Idem.	7 00		
		36	de tente de conseil. { cônique..	Idem.	21 50		
		37	de tente de marche pour officier....	Idem.	0 70		
		38	de tente elliptique à 16 hommes....	Idem.	2 60		
		39	divers.	Idem.	»		
		40	Râtelier de manteau d'armes de piquet....	Idem.	2 60		
		41	d'auvent de tente de conseil.........	Idem.	1 10		
		42	d'auvent de tentes diverses........	Idem.	0 75		
92	Tentes et accessoires. (Suite.)	43	Accessoires de tentes. (Suite). Bois de tentes. (Suite) Support.. brisé. { de sac tente-abri.......	Idem.	0 45		
		44	Support.. brisé. { de tente modèle Waldéjo....	Idem.	0 60		
		45	divers............	Idem.	»		
		46	Traverse.. de lit de camp.....	Idem.	1 25		
		47	de manteau d'armes de piquet.......	Idem.	2 80		
		48	de tente de conseil à toit double......	Idem.	2 95		
		49	de tente de marche pour officier.	Idem.	2 10		
		50	de tente elliptique à 16 hommes......	Idem.	2 50		
		51	diverses...........	Idem.	»		
		52	X en bois pour lit de camp	Idem.	1 00		
		53	Divers...............	Idem.	»		
		54	Cordeaux. de sac tente-abri { de piquet.........	Idem.	0 05		
		55	de sac tente-abri { de tirage...........	Idem.	0 15		
		56	de tente modèle Waldejo { de piquet........	Idem.	0 05		
		57	de tente modèle Waldejo { de tirage.........	Idem.	0 15		

CLASSIFICATION DES MATIÈRES ET EFFETS

PAR UNITÉ SOMMAIRE.		PAR UNITÉ DÉTAILLÉE.		UNITÉ RÉGLEMENTAIRE	PRIX MINISTÉRIELS au CLASSEMENT		
Numéros.	DÉNOMINATION.	Numéros.	DÉNOMINATION.		neuf.	en cours de durée.	d'instruction.
		58	Cordeaux (Suite) de front	Nombre.	6 00		
		59	Cordeaux (Suite) de profondeur	Idem.	6 00		
		60	Cordeaux (Suite) de toiture de tente	Idem.	1 50		
		61	Cordeaux (Suite) métriques	Idem.	6 00		
		62	Cordeaux (Suite) perpendiculaires	Idem.	1 75		
		63	Cordeaux (Suite) divers	Idem.	»		
		64	Étuis d'outils pour faucille	Idem.	0 50		
		65	Étuis d'outils pour hache	Idem.	3 00		
		66	Étuis d'outils pour pelle	Idem.	3 00		
		67	Étuis d'outils pour pioche	Idem.	2 00		
		68	Étuis d'outils pour serpe	Idem.	1 50		
		69	Étuis d'outils pour divers	Idem.	»		
	Accessoires de tentes. (Suite).	70	Bêche avec manche	Idem.	5 00		
		71	Bêche sans manche	Idem.	4 50		
		72	Faucille	Idem.	1 00		
		73	Fourche en bois	Idem.	0 75		
92	Tentes et accessoires. (Suite.)	74	Fourche en fer	Idem.	3 00		
		75	Hache avec manche	Idem.	5 00		
		76	Hache sans manche	Idem.	4 50		
		77	Hachette avec manche	Idem.	3 00		
		78	Hachette sans manche	Idem.	2 80		
		79	Maillet en bois avec manche	Idem.	0 50		
		80	Maillet en bois sans manche	Idem.	0 25		
		81	Masse en fer avec manche	Idem.	3 00		
		82	Masse en fer sans manche	Idem.	2 60		
		83	Pelle avec manche	Idem.	5 00		
		84	Pelle sans manche	Idem.	4 50		
		85	Pioche avec manche	Idem.	5 00		
		86	Pioche sans manche	Idem.	4 50		
		87	Serpe avec manche	Idem.	2 00		
		88	Serpe sans manche	Idem.	1 60		
		89	Divers	Idem.	»		

CLASSIFICATION DES MATIÈRES ET EFFETS

PAR UNITÉ SOMMAIRE.		PAR UNITÉ DÉTAILLÉE.		UNITÉ RÉGLE-MENTAIRE	PRIX MINISTÉRIELS au CLASSEMENT		
Numéros.	DÉNOMINATION.	Numéros.	DÉNOMINATION.		neuf.	en cours de durée.	d'instruction.
		90	Manches d'outils.. de bêche..........	Nombre.	0 50		
		91	de hache..........	Idem.	0 50		
		92	de hachette........	Idem.	0 20		
		93	de maillet en bois..	Idem.	0 25		
		94	de masse en fer....	Idem.	0 40		
		95	de pelle..........	Idem.	0 50		
		96	de pioche..........	Idem.	0 50		
		97	de serpe..........	Idem.	0 40		
		98	divers............	Idem.	»		
		99	Piquets de tente... grand............	Idem.	0 17		
		100	petit............	Idem.	0 10		
		101	divers	Idem.	»		
		102	Pliants................	Idem.	3 00		

PAR UNITÉ SOMMAIRE.		PAR UNITÉ DÉTAILLÉE.		UNITÉ RÉGLE-MENTAIRE	PRIX MINISTÉRIELS au CLASSEMENT		
Numéros.	DÉNOMINATION.	Numéros.	DÉNOMINATION.		neuf.	en cours de durée.	d'instruction.
92	Tentes et accessoires. (Suite.)	103	Accessoires de tentes. (Suite.) — Tables pour tentes de conseil...... à toit double.......	Idem.	26 00		
		104	cônique...........	Idem.	28 15		
		105	diverses...........	Idem.	»		
		106	Tablettes pour tentes........... cônique, avec porte-manteaux........	Idem.	5 70		
		107	elliptique avec tasseaux et portemanteaux.	Idem.	4 70		
		108	sans tasseaux ni portemanteaux.	Idem.	4 55		
		109	diverses...........	Idem.	»		
		110	Accessoires divers de tentes. Cale................	Idem.	0 05		
		111	Cercle en fer........	Idem.	0 50		
		112	Chapeau de tente cônique à muraille...............	Idem.	4 35		
		113	Contre-sanglon de chapeau de tente	Idem.	0 40		
		114	Corde... de piquet de muraille et de tente modèle Waldejo	Idem.	0 05		
		115	de support d'auvent et postillon	Idem.	0 95		
		116	de suspension pour tablette ronde......	Idem.	0 85		

CLASSIFICATION DES MATIÈRES ET EFFETS

PAR UNITÉ SOMMAIRE.		PAR UNITÉ DÉTAILLÉE.		UNITÉ RÈGLE-MENTAIRE	PRIX MINISTÉRIELS au CLASSEMENT		
Numéros.	DÉNOMINATION.	Numéros.	DÉNOMINATION.		neuf.	en cours de durée.	d'instruction.
		117	Cordeau en coton et olive......	Nombre.	0 05		
		118	Fer de lance................	Idem.	5 00		
		119	Goujon .... Accessoires divers de tentes. (Suite)	Idem.	1 20		
		120	Portemanteau de tablette......	Idem.	0 05		
		121	Rideau pour tente de conseil....	Idem.	27 00		
		122	Tasseau de tablette...........	Idem.	0 10		
		123	Divers.....................	Idem.	»		
		124	Arbalétriers	Idem.	2 10		
		125	Bande à pourrir.............	Idem.	1 25		
		126	Boîte de poteau............. Accessoires de tentes. (Suite.)	Idem.	1 40		
		127	Boulon à tête carrée. Grand......	Idem.	0 15		
		128	Boulon à tête carrée. Petit.......	Idem.	0 10		
		129	Boulon à tête oblique...........	Idem.	0 15		
92	Tentes et accessoires. (Suite.)	130	Boulon à tête ronde. Crochet.....	Idem.	0 20		
		131	ronde. Grand......	Idem.	0 15		
		132	ronde. Petit.......	Idem.	0 10		
		133	Broche à tête en T...........	Idem.	0 75		
		134	Chape de pied de poteau...... Accessoires divers de tente-baraque.	Idem.	0 75		
		135	Chevrons	Idem.	2 60		
		136	Ciseau à froid	Idem.	1 00		
		137	Clef à fourches	Idem.	0 75		
		138	Coussin...................	Idem.	0 20		
		139	Crampon..................	Idem.	0 05		
		140	Crochet à vis...............	Idem.	0 05		
		141	Echelle double..............	Idem.	8 50		
		142	Équerres diverses...........	Idem.	0 30		
		143	Faîtage	Idem.	3 25		
		144	Jarretier	Idem.	2 05		
		145	Marteau...................	Idem.	1 40		
		146	Masse en bois	Idem.	0 75		
		147	Moïse.....................	Idem.	2 00		

| CLASSIFICATION DES MATIÈRES ET EFFETS | | | | | UNITÉ RÈGLEMENTAIRE | PRIX MINISTÉRIELS au CLASSEMENT | | |
| PAR UNITÉ SOMMAIRE. | | PAR UNITÉ DÉTAILLÉE. | | | | | | |
Numéros.	DÉNOMINATION.	Numéros.	DÉNOMINATION.			neuf.	en cours de durée.	d'instruction.
92	Tentes et accessoires. (*Suite*).	148	Accessoires de tentes. (*Suite.*)	Accessoires divers de tente-baraque. (*Suite*)	Paquet.. { de cordeau (A)......	Nombre.	40 00		
		149			Paquet.. { de cordelette (B).....	*Idem.*	0 50		
		150			Pince en fer........	*Idem.*	1 50		
		151			Piquet en bois........	*Idem.*	0 15		
		152			Plaque de poinçon........	*Idem.*	0 55		
		153			Poinçon........	*Idem.*	2 50		
		154			Portière........	*Idem.*	60 00		
		155			Poteau........	*Idem.*	3 50		
		156			Prélart........	*Idem.*	272 00		
		157			Rideau........	*Idem.*	28 00		
		158			Rondelle en fer........	*Idem.*	0 05		
		159			Sablière........	*Idem.*	3 00		
		160			Tarière à vis........	*Idem.*	2 10		
93	Ustensiles, étuis d'ustensiles et accessoires.........	161	Ustensiles ...		Tournevis à main........	*Idem.*	1 00		
		162			Divers........	*Idem.*	»		
		163	Divers........			*Idem.*	»		
		1	Bidon	grand	à 8 hommes........	*Idem.*	2 70		
		2		grand	à 4 hommes........	*Idem.*	2 30		
		3		grand	Divers........	*Idem.*	»		
		4		petit..	en cuir........	*Idem.*	3 40		
		5		petit..	" de 1 litre........	*Idem.*	0 80		
		6		petit..	" de 2 litres........	*Idem.*	1 25		
		7		petit..	" de cavalerie avec quart adhérent........	*Idem.*	1 40		
		8			Divers........	*Idem.*	»		
		9	Gamelle..		à 8 hommes........	*Idem.*	2·20		
		10			à 4 hommes........	*Idem.*	2 00		
		11			Moulin à café........	*Idem.*	3 00		
		12			Nécessaire Bouthéon....	*Idem.*	0 60		
		13			Diverses........	*Idem.*	»		

(A) Paquet de corde de 0^m,009 de diamètre (qualité de la corde à piquet) et de 150 mètres de longueur environ.
(B) Paquet de cordelette, en septain, de 10 mètres de longueur environ.

CLASSIFICATION DES MATIÈRES ET EFFETS

PAR UNITÉ SOMMAIRE.		PAR UNITÉ DÉTAILLÉE.		UNITÉ RÉGLE-MENTAIRE	PRIX MINISTÉRIELS au CLASSEMENT		
Numéros.	DÉNOMINATION.	Numéros.	DÉNOMINATION.		neuf.	en cours de durée.	d'instruction.
		14	Marmite.. { À 8 hommes	Nombre.	3 20		
		15	À 4 hommes	Idem.	3 00		
		16	Nécessaire Bouthéon	Idem.	0 80		
		17	Diverses	Idem.	»		
		18	Marmite de peloton	Idem.	13 00		
	Ustensiles... (Suite.)	19	Nécessaire individuel du système Bouthéon (complet)	Idem.	1 50		
		20	" Peau de bouc	Idem.	3 45		
		21	Quart pour bidon de cavalerie	Idem.	0 20		
		22	Seau en toile	Idem.	1 95		
		23	Divers	Idem.	»		
		24	de gamelle-moulin à café	Idem.	0 25		
		25	de bidon à 8 hommes, de gamelles et marmites diverses	Idem.	1 00		
93	Ustensiles, étuis d'ustensiles et accessoires... (Suite.)	26	de gamelles individuelles	Idem.	0 40		
		27	Étuis d'ustensiles { " de 1 litre	Idem.	0 80		
		28	de petits bidons { " de 2 litres	Idem.	1 10		
		29	" de cavalerie avec quart adhérent	Idem.	0 45		
		30	divers	Idem.	»		
		31	Divers	Idem.	»		
		32	Accessoires... { d'ustensiles divers. { Bouchon en liège ou en bois	Idem.	0 10		
		33	Bretelle de bidon ou de marmite a 8 hommes	Idem.	2 50		
		34	Chaînette du nécessaire Bouthéon	Idem.	0 10		
		35	Courroies de bidon { Cuirassiers	Idem.	0 75		
		36	" de 1 litre. { Tous les corps autres que les cuirassiers	Idem.	0 75		
		37	" de 2 litres	Idem.	0 85		
		38	" de cavalerie	Idem.	1 45		

CLASSIFICATION DES MATIÈRES ET EFFETS

PAR UNITÉ SOMMAIRE.		PAR UNITÉ DÉTAILLÉE.		UNITÉ RÉGLE-MENTAIRE	PRIX MINISTÉRIELS au CLASSEMENT		
Numéros.	DÉNOMINATION.	Numéros.	DÉNOMINATION.		neuf.	en cours de durée.	d'instruction.
		39	*Controles (Suite).* de gamelle à 8 hommes	Nombre.	1 00		
		40	d'ustensiles à 4 hommes	Idem.	0 75		
		41	de peau de bouc	Idem.	1 10		
		42	divers	Idem.	»		
		43	Couvercles divers de marmites	Idem.	1 00		
	Accessoires.. (*Suite.*)	44	Contre-noix	Idem.	0 50		
		45	Couvercle	Idem.	0 40		
		46	Gamelle	Idem.	0 80		
		47	de gamelle moulin à café. Goupille	Idem.	0 05		
		48	Manivelle	Idem.	0 70		
		49	Noix	Idem.	0 50		
		50	Rondelle	Idem.	0 05		
93	Ustensiles, étuis d'ustensiles et accessoires. (*Suite.*)	51	Vis	Idem.	0 05		
		52	Divers	Idem.	»		
		53	Assiette creuse, en fer battu	Idem.	0 45		
		54	Bidon carré ou grand flacon en tôle étamée	Idem.	1 60		
		55	Boîte carrée grande	Idem.	1 55		
		56	Bougeoir	Idem.	1 00		
		57	Bouillotte	Idem.	1 00		
		58	Couteau.. de cuisine, avec gaine	Idem.	1 50		
		59	Couteau.. de table	Idem.	0 50		
		60	Cuiller... à bouche	Idem.	0 45		
		61	Cuiller... à pot ou pochon	Idem.	0 50		
	Ustensiles pour cantine à vivres d'officiers.	62	Écumoire	Idem.	0 25		
		63	Fourchette en fer battu, étamée	Idem.	0 15		
		64	Gril en fer	Idem.	0 50		
		65	Lanterne carrée	Idem.	2 85		
		66	Marmite carrée en tôle étamée	Idem.	3 90		
		67	Moulin à café	Idem.	2 00		

CLASSIFICATION DES MATIÈRES ET EFFETS

PAR UNITÉ SOMMAIRE.		PAR UNITÉ DÉTAILLÉE.		UNITÉ RÉGLEMENTAIRE	PRIX MINISTÉRIELS au CLASSEMENT		
Numéros.	DÉNOMINATION.	Numéros.	DÉNOMINATION.		neuf.	en cours de durée.	d'instruction
93	Ustensiles, étuis d'ustensiles et accessoires..... (Suite.)	68	Ustensiles pour cantine à vivres d'officiers.. (Suite.) { Poêle à frire.................	Nombre.	0 80		
		69	Poivrière en fer-blanc.............	Idem.	0 30		
		70	Salière.................	Idem.	0 20		
		71	Timbale.................	Idem.	0 35		
		72	Tire-bouchon.............	Idem.	0 35		
		73	Divers.................	Idem.	»		
		74	Divers.................	Idem.	»		
		1	Boites et 1/2 boîtes. { Boites... { à imprimés et à cartes...	Idem.	5 85		
		2	à livrets matricules.....	Idem.	15 00		
		3	à plaques d'identité......	Idem.	6 25		
		4	1/2 Boite, à livrets matricules.......	Idem.	11 00		
		5	Cacolet pour transport des caisses.............	Idem.	20 00		
		6	à archives pour états- { à compartiments.	Idem.	28 00		
94	Caisses, cantines, boites diverses et accessoires.....	7	majors et services administratifs..... { sans compartiments.......	Idem.	11 00		
		8	à bagages. { du modèle ordinaire........	Idem.	17 00		
		9	nouveau modèle...........	Idem.	23 55		
		10	Caisses... { pour compagnie...........	Idem.	22 25		
		11	de fonds et de comptabilité.. { pour conseil d'administration éventuel ou commandant de portion détachée (petit modèle)...........	Idem.	25 00		
		12	pour corps de troupe (grand modèle)...........	Idem.	26 75		
		13	des corps de troupe. { nº 1 (A)........	Idem.	19 50		
		14	pour ouvriers tailleurs (c)......	Idem.	11 20		
		15	nº 2 (B)........	Idem.	19 50		
		16	pour ap- provi- sionne- ments de réserve.. { pour ouvriers cordonniers ou bottiers (D)......	Idem.	11 55		
		17	pour chefs ouvriers........	Idem.	19 50		
		18	des quartiers généraux......	Idem.	11 40		

Dimensions dans œuvre. { (A) Longueur : 0.910. — Largeur : 0.500. — Hauteur : 0.495. } Épaisseur du bois (environ : 0 015.)
(B) Longueur : 1.000. — Largeur : 0.600. — Hauteur : 0.390.
(C) Longueur : 0.620. — Largeur : 0.300. — Hauteur : 0.170.
(D) Longueur : 0.620. — Largeur : 0.300. — Hauteur : 0.240.

CLASSIFICATION DES MATIÈRES ET EFFETS

PAR UNITÉ SOMMAIRE.		PAR UNITÉ DÉTAILLÉE.		UNITÉ RÉGLEMENTAIRE	PRIX MINISTÉRIELS au CLASSEMENT		
Numéros.	DÉNOMINATION.	Numéros.	DÉNOMINATION.		neuf.	en cours de durée.	d'instruction.
		19	Caisses... (Suite.) { pour lanternes de quartiers généraux....	Nombre.	7 20		
		20	diverses.	Idem.	»		
		21	Caissette métallique pour officier payeur.	Idem.	7 00		
94	Caisses, cantines, boîtes diverses et accessoires..... (Suite.)	22	à vivres... { complète	Idem.	47 50		
		23	vide.	Idem.	15 20		
		24	Cantines..... de comptabilité du modèle des subsistances.. { simple	Idem.	22 50		
		25	à compartiments...	Idem.	45 00		
		26	du modèle 1853.	Idem.	18 70		
		27	diverses.	Idem.	»		
		28	Corde de brelage de fourgon à bagages.	Idem.	1 60		
		29	Divers.	Idem.	»		
		1	Peaux de mouton.	Idem.	5 00		
		2	Piquet en fer.	Idem.	3 00		
95	Accessoires divers de campement......	3	Pitons pour l'arrimage des armes dans les wagons...	Idem.	0 04		
		4	Plancher de tente.	Idem.	30 00		
		5	Vrilles pour l'arrimage des armes dans les wagons...	Idem.	0 20		
		6	Divers.	Idem.	»		

CHAPITRE V.

MATÉRIAUX D'EMBALLAGE.

PAR UNITÉ SOMMAIRE.		PAR UNITÉ DÉTAILLÉE.		UNITÉ RÉGLEMENTAIRE	neuf.	en cours de durée.	d'instruction.
96	Matériaux au nombre.	1	Boîtes....... { grandes.	Nombre.	2 00		
		2	petites	Idem.	1 00		
		3	diverses	Idem.	»		
		4	Caisses...... à claire-voie.... { grande (au-dessus de $0^m,800$).	Idem.	5 00		
		5	moyenne (de $0^m,200$ à $0^m,800$).	Idem.	4 00		
		6	petite (au-dessous de $0^m,200$).	Idem.	3 00		
		7	à plein.... { grande (au-dessus de $0^m,600$).	Idem.	6 00		
		8	moyenne (de $0^m,200$ à $0^m,600$).	Idem.	5 00		
		9	petite (au-dessous de $0^m,200$).	Idem.	4 00		
		10	diverses.	Idem.	»		

CLASSIFICATION DES MATIÈRES ET EFFETS

PAR UNITÉ SOMMAIRE.		PAR UNITÉ DÉTAILLÉE.		UNITÉ RÉGLE-MENTAIRE	PRIX MINISTÉRIELS au CLASSEMENT		
Numéros. DÉNOMINATION.		Numéros. DÉNOMINATION.			neuf.	en cours de durée.	d'ins-truction.
96	Matériaux au nombre *(Suite.)*	11	Liens en fer du système Wohl	Nombre.	0 15		
		12	Paniers divers	Idem.	»		
		13	Planches pour balles de fourrage	Idem.	0 15		
		14	Récipients en terre ou en grès (A)	Idem.	»		
		15	Tonneaux et barils (A) — grands	Idem.	»		
		16	Tonneaux et barils (A) — moyens	Idem.	»		
		17	Tonneaux et barils (A) — petits	Idem.	»		
		18	Tonneaux et barils (A) — divers	Idem.	»		
		19	Divers	Idem.	»		
		1	Clous et pointes divers	Kilog.	0 55		
		2	Corde	Idem.	1 20		
		3	Fer feuillard	Idem.	0 50		
		4	Ficelle	Idem.	1 50		
97	Matériaux au poids	5	Foin	Idem.	0 10		
		6	Paille	Idem.	0 08		
		7	Papier — goudronné	Idem.	1 00		
		8	Papier — gris	Idem.	0 50		
		9	Papier — roux	Idem.	0 45		
		10	Papier — divers (A)	Idem.	»		
		11	Plomb	Idem.	0 40		
		12	Divers	Idem.	»		
98	Matériaux au mètre	1	Toile d'emballage — 0ᵐ,89 de largeur	Mètre.	0 20		
		2	Toile d'emballage — 1ᵐ,04 de largeur	Idem.	0 25		
		3	Toile d'emballage — 1ᵐ,20 de largeur	Idem.	0 30		
		4	Divers	Idem.	»		
99	Matériaux au litre	1	Encre à marquer les colis	Litre.	0 60		
		2	Divers	Idem.	»		

CLASSIFICATION DES MATIÈRES ET EFFETS				UNITÉ RÉGLEMENTAIRE	PRIX MINISTÉRIELS au CLASSEMENT		
PAR UNITÉ SOMMAIRE.		PAR UNITÉ DÉTAILLÉE.					
Numéros.	DÉNOMINATION.	Numéros.	DÉNOMINATION.		neuf.	en cours de durée.	d'instruction.

CHAPITRE VI.
OBJETS MOBILIERS, APPAREILS ET OUTILS.

Numéros.	DÉNOMINATION.	Numéros.	DÉNOMINATION.	UNITÉ RÉGLEMENTAIRE	neuf.	en cours de durée.	d'instruction.
100	Objets mobiliers, appareils et outils..	1	Chaudière à vapeur munie de ses accessoires.	Nombre.	»		
		2	Accessoires à décatir (a). Cadre en fer.	Idem.	»		
		3	Clef anglaise.	Idem.	»		
		4	Hachette.	Idem.	»		
		5	Manomètre.	Idem.	»		
		6	Table à décatir.	Idem.	»		
		7	Divers.	Idem.	»		
		8	buanderie (a). Bateau-lavoir.	Idem.	375 00		
		9	Brouette-tricycle.	Idem.	»		
		10	Chaudière munie de ses accessoires.	Idem.	»		
		11	Cuviers divers.	Idem.	»		
		12	Essoreuse.	Idem.	»		
		13	Appareils de Accessoires. Étuve.	Idem.	»		
		14	Mécanisme de lessiveuse à bras.	Idem.	»		
		15	Tuyau de fumée.	Idem.	»		
		16	Divers.	Idem.	»		
		17	Contrôleurs de ronde système Collin. Boîte en fonte.	Idem.	10 00		
		18	Boîte de 400 cadrans.	Idem.	10 00		
		19	Chronomètre.	Idem.	75 00		
		20	Numéro en émail.	Idem.	»		
		21	Poche en cuir.	Idem.	7 00		
		22	divers.	Idem.	»		
		23	d'incendie. Extincteurs. modèle de Mauclerc.	Idem.	125 00		
		24	modèle Monnet (A).	Idem.	»		
		25	modle de Roëlands (A).	Idem.	»		
		26	modèle Tabouêt avec accessoires, en fer, de 15 litres.	Idem.	110 00		
		27	de 25 litres.	Idem.	160 00		
		28	de 40 litres.	Idem.	200 00		
		29	en cuivre, de 15 litres.	Idem.	140 00		
		30	de 25 litres.	Idem.	210 00		
		31	de 40 litres.	Idem.	260 00		
		32	modèle Zapfle.	Idem.	53 00		
		33	divers.	Idem.	»		

CLASSIFICATION DES MATIÈRES ET EFFETS					UNITÉ RÉGLEMENTAIRE	PRIX MINISTÉRIELS au CLASSEMENT		
PAR UNITÉ SOMMAIRE.			PAR UNITÉ DÉTAILLÉE.					
Numéros.	DÉNOMINATION.	Numéros.	DÉNOMINATION.			neuf.	en cours de durée.	d'instruction.
		34	Extincteurs (Suite).	Objets isolés (A).	Lance	Nombre.	»		
		35			Raccord	Idem.	»		
		36			Tuyau de raccord	Idem.	»		
		37	Horloge de ronde			Idem.	60 00		
		38	Grenades extinctrices diverses (A)			Idem.	»		
		39	Pompes	avec accessoires	à brouette	Idem.	343 00		
		40			à chariot	Idem.	710 00		
		41			portative (A)	Idem.	»		
		42			diverses (A)	Idem.	»		
		43		Objets isolés.	Lance	Idem.	12 00		
		44			Raccord	Idem.	4 85		
		45			Seau en toile	Idem.	1 45		
		46			Tuyau de raccord	Idem.	6 55		

(Accolade de gauche : d'incendie. (Suite.))

Numéros.	DÉNOMINATION.	Numéros.	DÉNOMINATION.			UNITÉ RÉGLEMENTAIRE	neuf.	en cours de durée.	d'instruction.
100	Objets mobiliers, appareils et outils.. (Suite.)	47	Matériel divers.	Barils		Idem.	1 20		
		48		Caisses étanches		Idem.	10 00		
		49		Echelle d'incendie		Idem.	40 00		
		50		Grands bidons à incendie		Idem.	2 00		
		51		Hache d'incendie		Idem.	6 40		
		52		Siphon de vidange		Idem.	157 50		
		53		Tonneau de secours		Idem.	6 00		
		54		Divers		Idem.	»		
		55	Double décalitre			Idem.	16 00		
		56	Double décimètre (A)	en métal		Idem.	»		
		57		en bois		Idem.	»		
		58	Mesures (A)	d'un litre		Idem.	»		
		59		de 50 litres		Idem.	9 00		
		60	Mètre	en bois		Idem.	0 60		
		61		en métal		Idem.	0 75		
		62	Ruban métrique (A)			Idem.	»		
		63	Toise (A)			Idem.	»		
		64	Divers			Idem.	»		

(Accolades de gauche : Appareils (suite) ; de mesurage.)

| Par unité sommaire | | Par unité détaillée | | Unité | Prix ministériels au classement | | |
Numéros.	Dénomination.	Numéros.	Dénomination.	réglementaire	neuf.	en cours de durée.	d'instruction.
		65	Balances — en bois { Grande	Nombre.	»		
		66	Moyenne	Idem.	»		
		67	en cuivre { Grande	Idem.	»		
		68	Balances { Moyenne	Idem.	»		
		69	Petite	Idem.	»		
		70	en fer { Grande	Idem.	»		
		71	Moyenne	Idem.	»		
		72	Petite	Idem.	»		
		73	Bascules diverses	Idem.	»		
		74	Poids — en cuivre { Série	Idem.	»		
		75	Isolé	Idem.	»		
		76	en fonte { Série	Idem.	»		
		77	Isolé	Idem.	»		
100	Objets mobiliers, appareils et outils (Suite.)	78	Romaine — en cuivre { Grande	Idem.	»		
		79	Moyenne	Idem.	»		
		80	Petite	Idem.	»		
		81	en fer { Grande	Idem.	»		
		82	Moyenne	Idem.	»		
		83	Petite	Idem.	»		
		84	divers	Idem.	»		
		85	Alcoomètre	Idem.	1 20		
		86	Aréomètre	Idem.	1 20		
		87	Balance de précision (A)	Idem.	»		
		88	Calibres (A) { à coulisse	Idem.	»		
		89	divers	Idem.	»		
		90	Instruments de précision. — Dynamomètres (A) { modèle Chévefy	Idem.	»		
		91	de divers modèles	Idem.	»		
		92	Entréomètre (A)	Idem.	»		
		93	Fil à plomb	Idem.	1 45		
		94	Gabarits (A) { pour mesurer le tour de la tête	Idem.	»		
		95	divers	Idem.	»		

CLASSIFICATION DES MATIÈRES ET EFFETS

PAR UNITÉ SOMMAIRE.		PAR UNITÉ DÉTAILLÉE.		UNITÉ RÈGLE-MENTAIRE	PRIX MINISTÉRIELS au CLASSEMENT		
Numéros.	DÉNOMINATION.	Numéros.	DÉNOMINATION.		neuf.	en cours de durée.	d'instruction.
	Instruments de précision. (Suite.)	96	Jauges — À fil de fer (A)	Nombre.	»		
		97	en fer (A)	Idem.	»		
		98	Palmer	Idem.	6 00		
		99	Loupe	Idem.	4 00		
		100	Micromètre (A)	Idem.	»		
		101	Microscope muni de ses accessoires (A)	Idem.	»		
		102	Niveau à bulle d'air	Idem.	7 00		
		103	Oculaire micrométrique (A)	Idem.	»		
		104	Pelmamètre, pour la mesure intérieure des semelles de chaussures (A)	Idem.	»		
		105	Pèse-lessive	Idem.	1 50		
		106	Pied à coulisse (A)	Idem.	»		
		107	Pige (A)	Idem.	»		
		108	(pour la pointure d'effets				

PAR UNITÉ SOMMAIRE.		PAR UNITÉ DÉTAILLÉE.		UNITÉ RÈGLE-MENTAIRE	PRIX MINISTÉRIELS au CLASSEMENT		
Numéros.	DÉNOMINATION.	Numéros.	DÉNOMINATION.		neuf.	en cours de durée.	d'instruction.
100	Objets mobiliers, appareils et outils.. (Suite.)	109	Règles (A) — de coiffure	Idem.	»		
			Pour mesurer les draps	Idem.	»		
		110	Trébuchet pour analyses (A)	Idem.	»		
		111	Vis micrométrique (A)	Idem.	»		
		112	divers	Idem.	»		
		113	Armoire	Idem.	25 00		
		114	Armoire-comptoir pour la télégraphie militaire (A)	Idem.	»		
	Mobilier..	115	Arrosoirs — en fer-blanc	Idem.	1 00		
		116	en zinc	Idem.	5 00		
		117	Banc (A)	Idem.	»		
		118	Baquet en bois (A)	Idem.	»		
		119	Bibliothèque (A)	Idem.	»		
		120	Boîtes — à sel, en bois (A)	Idem.	»		
		121	à sel et à poivre, en métal (A)	Idem.	»		
		122	Bouillotte (A)	Idem.	»		
		123	Brancard (A)	Idem.	»		
		124	Brouettes diverses (A)	Idem.	»		

| PAR UNITÉ SOMMAIRE.		PAR UNITÉ DÉTAILLÉE.		UNITÉ RÈGLEMENTAIRE	PRIX MINISTÉRIELS au CLASSEMENT		
Numéros.	DÉNOMINATION.	Numéros.	DÉNOMINATION.		neuf.	en cours de durée:	d'instruction.
		125	Bureau portatif.	Nombre.	120 00		
		126	Cadenas divers.	Idem.	1 40		
		127	Calorifères divers (A).	Idem.	»		
		128	Casiers (A)... de bureau.	Idem.	»		
		129	Casiers (A)... de hangar.	Idem.	»		
		130	Casiers (A)... divers.	Idem.	»		
		131	Carton de bureau (A).	Idem.	»		
		132	Cendrier (A).	Idem.	»		
		133	Chaîne en fer pour chien de garde (A).	Idem.	»		
		134	Chaise (A).	Idem.	»		
		135	Chandeliers divers (A).	Idem.	»		
		136	Charrette à bras (A).	Idem.	»		
		137	Chaudron ordinaire (A).	Idem.	»		

| PAR UNITÉ SOMMAIRE.		PAR UNITÉ DÉTAILLÉE.		UNITÉ RÈGLEMENTAIRE	PRIX MINISTÉRIELS au CLASSEMENT		
Numéros.	DÉNOMINATION.	Numéros.	DÉNOMINATION.		neuf.	en cours de durée:	d'instruction.
100	Objets mobiliers, appareils et outils... (Suite.)	138	Chenets (paire de) (A).	Idem.	»		
		139	Chevalet porte-selles (A).	Idem.	»		
	Mobilier.. (Suite.)	140	Ciseaux à lampe (paire de).	Idem.	1 75		
		141	Cloche avec sa monture (A).	Idem.	»		
		142	Clochette (A).	Idem.	»		
		143	Cloisons de diverses dimensions (A).	Idem.	»		
		144	Coffre-fort... 1re grandeur.	Idem.	210 00		
		145	Coffre-fort... 2e grandeur.	Idem.	150 00		
		146	Collier en cuir pour chien de garde (A).	Idem.	»		
		147	Commode (A).	Idem.	»		
		148	Courroie à porteur pour brancard (A).	Idem.	»		
		149	Couteau à découper (A).	Idem.	»		
		150	Crachoir.	Idem.	1 00		
		151	Cuiller à pot (A).	Idem.	»		
		152	Cuveau cerclé en fer (A).	Idem.	»		
		153	Diables ou traîneaux divers (A).	Idem.	»		
		154	Doublure de mur en planche (A).	Idem.	»		

CLASSIFICATION DES MATIÈRES ET EFFETS

PAR UNITÉ SOMMAIRE.		PAR UNITÉ DÉTAILLÉE.		UNITÉ RÉGLE-MENTAIRE	PRIX MINISTÉRIELS au CLASSEMENT		
Numéros.	DÉNOMINATION.	Numéros.	DÉNOMINATION.		neuf.	en cours de durée.	d'instruction.
		155	Drapeau	Nombre.	5 00		
		156	Echafaudage roulant (A)	Idem.	»		
		157	Echelles (A).. { double	Idem.	»		
		158	{ simple	Idem.	»		
		159	Ecumoire (A)	Idem.	»		
		160	Encriers divers (A)	Idem.	»		
		161	Enseignes diverses (A)	Idem.	»		
		162	Eponge emmanchée	Idem.	6 00		
		163	Etagère (A)	Idem.	»		
		164	Fauteuil (A)	Idem.	»		
		165	Fontaine-lavabo en métal (A)	Idem.	»		
		166	Fontaine en pierre (A)	Idem.	»		
		167	Fourchette (A)	Idem.	»		
100	Objets mobiliers, appareils et outils... (Suite.)		Mobilier.. (Suite.)				
		168	Fourneaux... { à gaz (A)	Idem.	»		
		169	{ ordinaire (A)	Idem.	»		
		170	Glace avec cadre (A)	Idem.	»		
		171	Grille en fer (A)	Idem.	»		
		172	Hampes pour drapeaux (A)	Idem.	»		
		173	Horloge avec poids (A)	Idem.	»		
		174	Lampe (A)	Idem.	»		
		175	Lanternes (A) { de ville	Idem.	»		
		176	{ ordinaire	Idem.	»		
		177	{ pour retraite aux flambeaux	Idem.	»		
		178	Marchepied ou escabelle (A)	Idem.	»		
		179	Marmite en fonte (A)	Idem.	»		
		180	Mouchettes (A)	Idem.	»		
		181	Moulin à poivre (A)	Idem.	»		
		182	Niche à chien (A)	Idem.	»		
		183	Paniers { en osier blanc	Idem.	4 00		
		184	à charbon... { en osier brut	Idem.	3 00		
		185	Passoire à bouillon (A)	Idem.	»		

CLASSIFICATION DES MATIÈRES ET EFFETS

PAR UNITÉ SOMMAIRE.		PAR UNITÉ DÉTAILLÉE.		UNITÉ RÈGLE-MENTAIRE	PRIX MINISTÉRIELS au CLASSEMENT		
Numéros.	DÉNOMINATION.	Numéros.	DÉNOMINATION.		neuf.	en cours de durée.	d'instruction.
		186	Patère (A)	Nombre.	»		
		187	Pelle à charbon (A)	Idem.	»		
		188	Pendule (A)	Idem.	»		
		189	Piège à rats (métallique)	Idem.	3 00		
		190	Pincettes (paire de) (A)	Idem.	»		
		191	Placard pour la télégraphie militaire (A)	Idem.	»		
		192	Planche mobile en sapin (A)	Idem.	»		
		193	Plancher mobile (A)	Idem.	»		
		194	Planchettes (A)... de diverses dimensions	Idem.	»		
		195	Planchettes (A)... d'inscription	Idem.	»		
		196	Planchettes (A)... diverses	Idem.	»		
		197	Poêle (A)	Idem.	»		
		198	Porte manteau garni de champignons (A)	Idem.	»		
100	Objets mobiliers, appareils et outils... (Suite.)	199	Porte-mouchettes (A)	Idem.	»		
		200	Mobilier.. (Suite.) Pots (A)... à eau, avec cuvette	Idem.	»		
		201	Pots (A)... en terre	Idem.	»		
		202	Pots (A)... divers	Idem.	»		
		203	Presse autographique	Idem.	225 00		
		204	Pupitre	Idem.	3 00		
		205	Ratière en bois (A)	Idem.	»		
		206	Récipients divers en métal (A)	Idem.	»		
		207	Reverbère-applique (A)	Idem.	»		
		208	Rideaux... pour casiers (A)	Idem.	»		
		209	Rideaux... pour croisées	Idem.	3 00		
		210	Rideaux... pour étagères (A)	Idem.	»		
		211	Rideaux... pour magasins (en laine caoutchoutée) (A)	Idem.	»		
		212	Rideaux... divers	Idem.	»		
		213	Sac à blanchissage	Idem.	3 50		
		214	Salière (A)	Idem.	»		
		215	Seaux... en bois	Idem.	2 50		
		216	Seaux... en terre (A)	Idem.	»		

CLASSIFICATION DES MATIÈRES ET EFFETS

PAR UNITÉ SOMMAIRE.		PAR UNITÉ DÉTAILLÉE.		UNITÉ RÉGLE-MENTAIRE	PRIX MINISTÉRIELS au CLASSEMENT		
Numéros.	DÉNOMINATION.	Numéros.	DÉNOMINATION.		neuf.	en cours de durée.	d'instruction.
		217	Seaux....... (Suite.) { en zinc, tôle, fer-blanc ..	Nombre.	2 25		
		218	galvanisé	Idem.	1 50		
		219	divers...............	Idem.	»		
		220	Serrures..... { avec moraillons.........	Idem.	2 50		
		221	sans moraillons.........	Idem.	2 00		
		222	Serviette...............	Idem.	1 25		
		223	Sonnettes (A)..............	Idem.	»		
		224	Soufflets..... { à punaises (A).........	Idem.	»		
		225	divers (A).........	Idem.	»		
		226	Souricières... { en bois.............	Idem.	»		
		227	métalliques...........	Idem.	0 50		
		228	Store en jonc (A)............	Idem.	»		
		229	Suspension avec abat-jour en fer-blanc (A).	Idem.	»		
100	Objets mobiliers, appareils et outils... (Suite.)	230	Mobilier. (Suite.) Tables (A)... { en bois.............	Idem.	»		
		231	en grès émaillé.........	Idem.	»		
		232	en marbre	Idem.	»		
		233	Tableau (grand) pour exécuter les tracés (A)	Idem.	»		
		234	Tablette (A).............	Idem.	»		
		235	Tablette-console (A)	Idem.	»		
		236	Tabouret (A)............	Idem.	»		
		237	Tapis divers (A)...........	Idem.	»		
		238	Tente-parasol (A)...........	Idem.	»		
		239	Terrines diverses............	Idem.	1 50		
		240	Tête de loup.............	Idem.	2 00		
		241	Thermomètre............	Idem.	3 00		
		242	Timbre d'appel avec tirage (A).........	Idem.	»		
		243	Tisonnier...............	Idem.	1 50		
		244	Torchon ou essuie-mains............	Idem.	1 00		
		245	Tréteau en bois pour table (A).........	Idem.	»		
		246	Tringles en fer (A). { pour rideaux	Idem.	»		
		247	diverses...........	Idem.	»		

CLASSIFICATION DES MATIÈRES ET EFFETS					UNITÉ RÈGLEMENTAIRE	PRIX MINISTÉRIELS au CLASSEMENT		
PAR UNITÉ SOMMAIRE.		PAR UNITÉ DÉTAILLÉE.						
Numéros.	DÉNOMINATION.	Numéros.	DÉNOMINATION.			neuf.	en cours de durée.	d'instruction.
		248	Mobilier.. *(Suite.)*	Tuyau pour poêle (bout de) (A).........	Nombre.	»		
		249		Verres à gaz............	Idem.	0 50		
		250		Divers..............	Idem.	»		
		251	Aiguille d'emballage........		Idem.	0 50		
		252	Ais à mettre en presse.......		Idem.	5 50		
		253	Alène emmanchée..........		Idem.	0 50		
		254	Arrache-clous américain.......		Idem.	4 60		
		255	Bains (A)....	à décaper...........	Idem.	»		
		256		pour étamer..........	Idem.	»		
		257		divers............	Idem.	»		
		258	Balle servant à mettre le noir sur les marques...........		Idem.	0 80		
		259	Bancs.......	de taillage..........	Idem.	4 00		
		260		de tonnelier..........	Idem.	14 00		
100	Objets mobiliers, appareils et outils... *(Suite.)*	261	Outils et ustensiles pour ateliers.	Bassin en cuivre en cul-de-poule de 100 litres	Idem.	120 00		
		262		Battoir.............	Idem.	0 75		
		263		Bédanes diverses........	Idem.	1 10		
		264		Bidon de 20 litres.......	Idem.	8 00		
		265		Bigornes diverses........	Idem.	12 00		
		266		Billot.............	Idem.	7 00		
		267		Binette.............	Idem.	1 00		
		268		Bistortier grand pour pommades..	Idem.	25 00		
		269	Boîtes (A)...	à décaper..........	Idem.	»		
		270		à forer..........	Idem.	»		
		271		pour étamer..........	Idem.	»		
		272	Bordoirs divers.........		Idem.	2 00		
		273	Bouterolles diverses.......		Idem.	1 00		
		274	Bouvets divers.........		Idem.	2 50		
		275	Broche avec manche.......		Idem.	0 30		
		276	Brosse tube en fer-blanc......		Idem.	1 70		
		277	Brûloir pour les ustensiles (A).....		Idem.	»		

CLASSIFICATION DES MATIÈRES ET EFFETS

PAR UNITÉ SOMMAIRE.		PAR UNITÉ DÉTAILLÉE.		UNITÉ RÉGLE-MENTAIRE	PRIX MINISTÉRIELS au CLASSEMENT		
Numéros.	DÉNOMINATION.	Numéros.	DÉNOMINATION.		neuf.	d'instruction.	en cours de durée.
		278	Burette à huile de graissage	Nombre.	1 00		
		279	Burin	Idem.	1 00		
		280	Carreaux { en fer pour estampiller les plombs	Idem.	0 75		
		281	Carreaux { pour tailleur	Idem.	6 00		
		282	Carré simple grand	Idem.	3 00		
		283	Chasse { agrafe	Idem.	2 00		
		284	Chasse { à main	Idem.	0 95		
		285	Chasse { rivets	Idem.	1 00		
		286	Chaudières (A)	Idem.	»		
		287	Chevalets { de sciage	Idem.	4 00		
		288	Chevalets { en bois { pour menuisier (A)	Idem.	»		
		289	Chevalets { en bois { pour métrer les couvertures (A)	Idem.	»		
100	Objets mobiliers, appareils et outils.. (Suite.)	290	Outils et ustensiles pour ateliers. (Suite). — Cisailles { divers (A)	Idem.	»		
		291	Cisailles { à table en bois, 0m,80 de longueur de lame	Idem.	180 00		
		292	Cisailles { diverses	Idem.	»		
		293	Ciseaux { à bois	Idem.	2 75		
		294	Ciseaux { à froid	Idem.	1 00		
		295	Ciseaux { de relieur (paire)	Idem.	4 00		
		296	Ciseaux { de tailleur (paire) { de coupe	Idem.	5 00		
		297	Ciseaux { de tailleur (paire) { petits	Idem.	1 00		
		298	Ciseaux { divers	Idem.	»		
		299	Clefs { anglaise	Idem.	5 40		
		300	Clefs { à plomber (A)	Idem.	»		
		301	Coffin pour pierre à aiguiser	Idem.	0 60		
		302	Coins en fer. { pour plomber les colis	Idem.	15 00		
		303	Coins en fer. { divers (A)	Idem.	»		
		304	Colombe de tonnelier	Idem.	21 50		
		305	Compas { à pièces	Idem.	4 00		
		306	Compas { d'épaisseur	Idem.	3 16		
		307	Compas { ordinaire de relieur	Idem.	4 00		

CLASSIFICATION DES MATIÈRES ET EFFETS

PAR UNITÉ SOMMAIRE.		PAR UNITÉ DÉTAILLÉE.		UNITÉ RÉGLE-MENTAIRE	PRIX MINISTERIELS au CLASSEMENT		
Numéros.	DÉNOMINATION.	Numéros.	DÉNOMINATION.		neuf.	en cours de durée.	d'instruction.
		308	Composteur complet	Nombre.	30 00		
		309	Compte-fils	Idem.	2 00		
		310	Conscience	Idem.	0 80		
		311	Cornette à découper	Idem.	1 50		
		312	Coudes { cintré	Idem.	0 60		
		313	{ équerre	Idem.	0 95		
		314	Coulette ferrée	Idem.	15 00		
		315	Cousoir de 0m,80 de table	Idem.	11 00		
		316	à flétrir les étoffes	Idem.	1 90		
		317	Couteaux { à main	Idem.	1 60		
		318	à parer	Idem.	5 00		
		319	à pied	Idem.	3 00		
		320	à reboucher	Idem.	0 50		
100	Objets mobiliers, appareils et outils (Suite).	321	Outils et ustensiles pour ateliers. (Suite). { à rogner	Idem.	2 00		
		322	pour épreuves dynamométriques sur les draps	Idem.	1 50		
		323	divers	Idem.	»		
		324	Couvercle en tôle pour marmite de 100 litres	Idem.	3 00		
		325	Crayon de menuisier	Idem.	0 10		
		326	à porteur	Idem.	2 75		
		327	de cordonnier	Idem.	0 50		
		328	Crochets { pour les colis	Idem.	1 50		
		329	pour plier les étoffes	Idem.	0 50		
		330	divers	Idem.	»		
		331	Cuiller à fondre le plomb	Idem.	1 50		
		332	Cuiller en fer de 1 litre	Idem.	3 00		
		333	Cuves de décapage diverses (A)	Idem.	»		
		334	Dégorgeoir	Idem.	3 40		
		335	Diamant	Idem.	20 00		
		336	Ebranchoir de cordonnier	Idem.	10 00		
		337	Emporte-pièce	Idem.	1 50		

CLASSIFICATION DES MATIÈRES ET EFFETS					UNITÉ	PRIX MINISTÉRIELS au CLASSEMENT		
PAR UNITÉ SOMMAIRE.			PAR UNITÉ DÉTAILLÉE.		RÈGLE-			
Numéros.	DÉNOMINATION.	Numéros.	DÉNOMINATION.		MENTAIRE	neuf.	en cours de durée.	d'ins-truction.
		338	Enclume.		Nombre.	25 00		
		339	Enclumette pour battre les faux		Idem.	2 00		
		340	Equerres	en bois	Idem.	0 90		
		341		en fer.	Idem.	5 00		
		342	Estampilles	en bois	Idem.	1 10		
		343		en fer pour plomber les colis	Idem.	3 50		
		344	Etablis	de ferblantier.	Idem.	60 00		
		345		de menuisier.	Idem.	40 00		
		346		divers.	Idem.	»		
		347	Etaux en fer.	à agrafes.	Idem.	9 00		
		348		à main.	Idem.	3 50		
		349	Faux emmanchée.		Idem.	4 35		
		350		à égoutter.	Idem.	20 00		
100	Objets mobiliers, ap-pareils et outils.. (Suite.)	351	Outils et ustensiles pour ateliers. (Suite.)	à griller les poils des draps.	Idem.	160 00		
		352		à repasser	Idem.	4 00		
		353	Fers	à souder.	Idem.	3 60		
		354		de chapelier.	Idem.	1 50		
		355		d'outils de menuisier.	Idem.	0 95		
		356		divers.	Idem.	»		
		357	Filières (A).		Idem.	»		
		358	Forets divers.		Idem.	0 75		
		359	Forge mobile.		Idem.	160 00		
		360	Formes (paire de).		Idem.	2 00		
		361	Fourneau à colle forte avec bain-marie (petit modèle).		Idem.	11 00		
		362	Fraises diverses (A).		Idem.	»		
		363	Galet à sertir.		Idem.	15 00		
		364	Gouges diverses (A).		Idem.	»		
		365	Goupille (A).		Idem.	»		
		366	Grain d'orge.		Idem.	1 00		
		367	Grattoir.		Idem.	1 00		

CLASSIFICATION DES MATIÈRES ET EFFETS

PAR UNITÉ SOMMAIRE.		PAR UNITÉ DÉTAILLÉE.		UNITÉ RÉGLE-MENTAIRE	PRIX MINISTÉRIELS au CLASSEMENT		
Numéros. — DÉNOMINATION.		Numéros. — DÉNOMINATION.			neuf.	en cours de durée.	d'instruction.
		368	Grecque simple de relieur	Nombre.	3 50		
		369	Griffe en fer	Idem.	15 00		
		370	Guillaume d'établi	Idem.	1 15		
		371	Haches diverses (A)	Idem.	»		
		372	Hachettes diverses (A)	Idem.	»		
		373	Lames de scies diverses (A)	Idem.	»		
		374	Lampes.... { à souder	Idem.	6 00		
		375	{ d'allumage	Idem.	2 00		
		376	Lettres pour le marquage des colis { série (A)	Idem.	»		
		377	{ isolée (A)	Idem.	»		
		378	Levier pour estampiller les ustensiles	Idem.	20 00		
		379	Limes diverses	Idem.	1 50		
		380	Lingotière	Idem.	1 10		
			Outils et ustensiles pour ateliers. (Suite.)				
100	Objets mobiliers, appareils et outils.. (Suite.)	381	à coudre (A)	Idem.	»		
		382	Machines... { à marquer et à plier les draps	Idem.	1800 00		
		383	à percer	Idem.	64 00		
		384	à placer les œillets	Idem.	15 00		
		385	Machinoire	Idem.	0 60		
		386	Maillet de ferblantier ou de menuisier	Idem.	1 30		
		387	Mailloche	Idem.	0 60		
		388	Mandrin	Idem.	0 50		
		389	Manique	Idem.	1 00		
		390	Marmite en fonte de 100 litres	Idem.	16 50		
		391	Marques à chaud (A)	Idem.	»		
		392	Marteaux... { à endosser, de relieur	Idem.	3 00		
		393	à marquer, de cordonnier	Idem.	8 00		
		394	divers, de ferblantier	Idem.	2 00		
		395	en fer, à manche de bois	Idem.	1 35		
		396	portant pour empreinte. « Rebuts » (A)	Idem.	»		
		397	pour colis	Idem.	1 70		

| | CLASSIFICATION DES MATIÈRES ET EFFETS | | | UNITÉ | PRIX MINISTÉRIELS au CLASSEMENT | | |
| PAR UNITÉ SOMMAIRE. | | PAR UNITÉ DÉTAILLÉE. | | RÈGLE- | | | |
Numéros.	DÉNOMINATION.	Numéros.	DÉNOMINATION.	MENTAIRE	neuf.	en cours de durée.	d'instruction.
		398	Marteaux... (Suite). { pour commission de réception	Nombre.	5 25		
		399	divers	Idem.	»		
		400	Matrices (A) { à découper	Idem.	»		
		401	pour couvercle de gamelle.	Idem.	»		
		402	Mèches assorties	Idem.	0 40		
		403	à matelas	Idem.	8 00		
		404	à rouler les étoffes	Idem.	25 00		
		405	Métiers .... { pour plier les étoffes, garni de 4 tringles en fer	Idem.	6 00		
		406	divers	Idem.	»		
		407	Meules à aiguiser { montée	Idem.	30 00		
		408	montée	Idem.	20 00		
		409	Moteur à gaz (A)	Idem.	»		

| | CLASSIFICATION DES MATIÈRES ET EFFETS | | | UNITÉ | PRIX MINISTÉRIELS au CLASSEMENT | | |
| PAR UNITÉ SOMMAIRE. | | PAR UNITÉ DÉTAILLÉE. | | RÈGLE- | | | |
Numéros.	DÉNOMINATION.	Numéros.	DÉNOMINATION.	MENTAIRE	neuf.	en cours de durée.	d'instruction.
100	Objets mobiliers, appareils et outils... (Suite.)	410	Outils et ustensiles pour ateliers. (Suite). — Mouillette	Idem.	1 00		
		411	Moule à couler le plomb	Idem.	36 40		
		412	Navette	Idem.	5 50		
		413	Numéro en fer isolé (A)	Idem.	»		
		414	Outils pour ferblantier (A)	Idem.	»		
		415	Palette	Idem.	1 00		
		416	Passe-carreaux	Idem.	2 00		
		417	Pelles (A) .. { en bois	Idem.	»		
		418	en fer	Idem.	»		
		419	Pied en fer	Idem.	4 00		
		420	Pierres .... { à aiguiser	Idem.	0 40		
		421	à repasser	Idem.	0 50		
		422	de touche	Idem.	15 00		
		423	à étamer	Idem.	3 25		
		424	à œillets	Idem.	3 50		
		425	Pinces..... { à plomber les colis	Idem.	30 00		
		426	de cordonnier	Idem.	3 00		
		427	de forge	Idem.	2 20		

CLASSIFICATION DES MATIÈRES ET EFFETS

PAR UNITÉ SOMMAIRE.		PAR UNITÉ DÉTAILLÉE.		UNITÉ RÉGLEMENTAIRE	PRIX MINISTERIELS au CLASSEMENT		
Numéros.	DÉNOMINATION.	Numéros.	DÉNOMINATION.		neuf.	en cours de durée.	d'instruction.
		428	Pinces. (Suite.) en bois (paire)	Nombre.	2 50		
		429	plate et ronde	Idem.	1 35		
		430	diverses	Idem.	»		
		431	Pinceau de relieur	Idem.	2 50		
		432	Pioches diverses (A)	Idem.	»		
		433	Planches. à découper	Idem.	2 00		
		434	à laver	Idem.	3 50		
		435	Planes. de tourneur	Idem.	5 00		
		436	ordinaire	Idem.	2 20		
		437	de fer, à poignées	Idem.	1 25		
		438	Plaques. pour estampiller les couvertures	Idem.	1 15		
		439	pour marquer les colis	Idem.	2 50		
		440	série de 10 chiffres en zinc (A)	Idem.	»		

PAR UNITÉ SOMMAIRE.		PAR UNITÉ DÉTAILLÉE.		UNITÉ RÉGLEMENTAIRE	PRIX MINISTERIELS au CLASSEMENT		
Numéros.	DÉNOMINATION.	Numéros.	DÉNOMINATION.		neuf.	en cours de durée.	d'instruction.
100	Objets mobiliers, appareils et outils. (Suite.)	441	Outils et ustensiles pour ateliers. (Suite.) diverses	Idem.	»		
		442	Plateau de plomb pour emporte-pièce	Idem.	1 00		
		443	Poignée de faux	Idem.	0 30		
		444	Poinçons ou estampes	Idem.	2 00		
		445	Pointe à rabaisser, avec fourreau	Idem.	3 75		
		446	Porte-foret à engrenage	Idem.	10 00		
		447	Pots. à colle, avec bain-marie	Idem.	4 50		
		448	à huile	Idem.	1 50		
		449	Poteau d'étendage (A)	Idem.	»		
		450	Poulain	Idem.	20 00		
		451	Presses. à froid	Idem.	2 00		
		452	à percussion, n° 2, 60 centimètres entre les jumelles.	Idem.	170 00		
		453	à rogner, à deux jumelles, de 60 centimètres entre les vis.	Idem.	80 00		
		454	pour emballer (A)	Idem.	»		
		455	diverses	Idem.	»		
		456	Pressoir à couvertures	Idem.	200 00		

	CLASSIFICATION DES MATIÈRES ET EFFETS			UNITÉ	PRIX MINISTÉRIELS au CLASSEMENT		
PAR UNITÉ SOMMAIRE.		PAR UNITÉ DÉTAILLÉE.		RÈGLE-			
Numéros.	DÉNOMINATION.	Numéros.	DÉNOMINATION.	MENTAIRE	neuf.	en cours de durée.	d'ins-truction
		457	Queues de rat assorties..............	Nombre.	1 50		
		458	Rabot.................	Idem.	2 50		
		459	Racloir.............	Idem.	1 00		
		460	Râpes diverses.............	Idem.	1 80		
		461	Râteaux { en bois.............	Idem.	1 50		
		462	Râteaux { en fer.............	Idem.	1 50		
		463	Râteliers { à double et simple cheville (A)	Idem.	»		
		464	Râteliers { pour outils de ferblantier..	Idem.	12 00		
		465	Réchaud.............	Idem.	4 35		
		466	Règle en fer, pour relieur.............	Idem.	7 00		
		467	Rifflard ou demi-varlope.............	Idem.	6 00		
		468	Roue à bras.............	Idem.	30 00		
		469	Rouleaux { pour éventer les draps.....	Idem.	10 00		
100	Objets mobiliers, appareils et outils.. (Suite.)	470	Outils et ustensiles pour ateliers. (Suite.) — Scies { pour l'examen des étoffes..	Idem.	20 00		
		471	Scies { passe-partout.............	Idem.	4 50		
		472	Scies { diverses (A).............	Idem.	»		
		473	Sergent en fer (A).............	Idem.	»		
		474	Serre-joints.............	Idem.	2 90		
		475	Sifran (A).............	Idem.	»		
		476	Soufflet de forge.............	Idem.	150 00		
		477	Soyage.............	Idem.	12 00		
		478	Spatule en fer de 0m,50.............	Idem.	3 00		
		479	Spatule en hêtre.............	Idem.	0 50		
		480	Tables { à métrer les toiles.............	Idem.	3 50		
		481	Tables { à récurage.............	Idem.	12 00		
		482	Tables { étalonnée { de 2 mètres.........	Idem.	20 00		
		483	Tables { étalonnée { de 5 mètres.........	Idem.	30 00		
		484	Tables { pour les tailleurs des commissions	Idem.	30 00		
		485	Tables { diverses.............	Idem.	»		
		486	Tablier en bois pour laveur.............	Idem.	2 00		
		487	Tarières (A).............	Idem.	»		

CLASSIFICATION DES MATIÈRES ET EFFETS

PAR UNITÉ SOMMAIRE.		PAR UNITÉ DÉTAILLÉE.		UNITÉ RÉGLE-MENTAIRE	PRIX MINISTÉRIELS au CLASSEMENT		
Numéros.	DÉNOMINATION.	Numéros.	DÉNOMINATION.		neuf.	en cours de durée.	d'instruction.
		488	Tas — dit « pied de chèvre »	Nombre.	18 00		
		489	Tas — monté sur un billot (A)	Idem.	»		
		490	Tas — divers	Idem.	»		
		491	Tasseau dit « table à main »	Idem.	13 00		
		492	Tenailles (paire de)	Idem.	1 60		
		493	Tiers-point	Idem.	0 60		
		494	Tire-pied	Idem.	1 00		
		495	Bariquand — complète	Idem.	8 50		
		496	Bariquand — boulon taraudé	Idem.	0 30		
		497	Bariquand — contre-écrou	Idem.	0 20		
		498	Bariquand — contre-peigne	Idem.	1 75		
		499	Bariquand — écrou ailé	Idem.	0 30		
		500	Bariquand — faux-peigne	Idem.	1 50		
100	Objets mobiliers, appareils et outils . . (Suite.)	501	Tondeuses — pièces séparées — gaine en cuir	Idem.	0 25		
	Outils et ustensiles pour ateliers. (Suite.)	502	Tondeuses — pièces séparées — levier, fixe	Idem.	2 25		
		503	Tondeuses — pièces séparées — levier, mobile	Idem.	1 75		
		504	Tondeuses — pièces séparées — molette de réglage du ressort	Idem.	0 40		
		505	Tondeuses — pièces séparées — peigne	Idem.	2 25		
		506	Tondeuses — pièces séparées — ressort	Idem.	0 30		
		507	Tondeuses — pièces séparées — rondelle-ressort	Idem.	0 10		
		508	Tondeuses — Pengeot	Idem.	5 55		
		509	Tondeuses — diverses	Idem.	»		
		510	Tour monté — en bois (A)	Idem.	»		
		511	Tour monté — en fer	Idem.	250 00		
		512	Tourne-à-gauche (A)	Id.m.	»		
		513	Tournevis emmanché	Idem.	0 75		
		514	Traitoir	Idem.	3 50		
		515	Tranche	Idem.	4 00		
		516	Tranchet	Idem.	1 50		
		517	Tréteau de table en fer	Idem.	5 00		
		518	Triangle en bois pour flétrir les étoffes (A)	Idem.	»		

CLASSIFICATION DES MATIÈRES ET EFFETS

PAR UNITÉ SOMMAIRE.		PAR UNITÉ DÉTAILLÉE.		UNITÉ RÉGLE-MENTAIRE	PRIX MINISTÉRIELS au CLASSEMENT		
Numéros.	DÉNOMINATION.	Numéros.	DÉNOMINATION.		neuf.	en cours de durée.	d'instruction.
		519	Truelle	Nombre.	4 80		
		520	Trusquin	Idem.	0 75		
		521	Tuyère de forge	Idem.	3 00		
		522	Valet d'établi	Idem.	2 00		
	Outils et ustensiles pour ateliers. (Suite.)	523	Varlope	Idem.	9 00		
		524	Vilebrequin	Idem.	2 60		
		525	Vis d'établi	Idem.	4 15		
		526	Vis d'étau avec sa boîte	Idem.	15 00		
		527	Vis en bois pour établi de menuisier.	Idem.	3 00		
		528	Volant (A)	Idem.	»		
		529	Vrilles	Idem.	0 50		
		530	Divers	Idem.	»		
		531	Agitateur en verre	Idem.	0 30		
100	Objets mobiliers, appareils et outils.. (Suite.)	532	Appareils à gaz (A).. Bras manchon	Idem.	»		
		533	Appareils à gaz (A).. Compteur à gaz	Idem.	»		
		534	Appareils à gaz (A).. pour illuminations	Idem.	»		
		535	Lyre à fleurons et à rinceaux de 65 sur 35.	Idem.	»		
		536	Lyre à mouvement	Idem.	»		
		537	Lyre ordinaire avec globe.	Idem.	»		
		538	Arbre de couche (A)	Idem.	»		
	Ustensiles et objets d'usage courant.	539	Auvents divers (A)	Idem.	»		
		540	Bâche (A)	Idem.	»		
		541	Bain de sable	Idem.	1 50		
		542	Ballons divers (A)	Idem.	»		
		543	Bassins divers (A)	Idem.	»		
		544	Bec de Bunson	Idem.	4 50		
		545	Blouse ou sarreau	Idem.	4 00		
		546	Bocaux divers (A)	Idem.	»		
		547	Boîtes à composteurs en caoutchouc complète (A)	Idem.	»		
		548	Boîtes à composteurs en caoutchouc vide (A)	Idem.	»		

CLASSIFICATION DES MATIÈRES ET EFFETS

PAR UNITÉ SOMMAIRE.		PAR UNITÉ DÉTAILLÉE.		UNITÉ RÉGLE-MENTAIRE	PRIX MINISTÉRIELS au CLASSEMENT		
Numéros. / DÉNOMINATION.		Numéros.	DÉNOMINATION.		neuf.	en cours de durée.	d'instruction.
		549	À marques. de commission de vérificateurs civils... avec lettre de compagnie	Nombre.	16 00		
		550	avec timbre du corps...	Idem.	17 90		
		551	grandes (6 timbres)	Idem.	20 00		
		552	petites (3 timbres)	Idem.	12 00		
		553	Boites. (Suite) À réactifs (A). complète	Idem.	»		
		554	vide	Idem.	»		
		555	à résine	Idem.	18 00		
		556	avec tampon	Idem.	4 00		
		557	d'échantillons de cuir	Idem.	2 25		
		558	diverses	Idem.	»		
		559	Bonbonnes diverses (A)	Idem.	»		
		560	Bouchons (A). en caoutchouc	Idem.	»		
		561	en liège	Idem.	»		
100	Objets mobiliers, appareils et outils... (Suite.)	562	Boulet (A)	Idem.	»		
		563	Boulin en sapin (A)	Idem.	»		
		564	Bouteilles diverses (A)	Idem.	»		
		565	Ustensiles et objets d'usage courant. (Suite.) Câbles pour monte-charge (A)	Idem.	»		
		566	divers	Idem.	»		
		567	Cadre pour l'arrimage du matériel (A)	Idem.	»		
		568	Cachet, timbre ou poinçon pour le marquage des effets ou objets (A)	Id. m.	»		
		569	Caisses. réservoir à eau (A)	Idem.	»		
		570	diverses	Idem.	»		
		571	Canot	Idem.	145 00		
		572	Capsule, feuille et fil de platine (A)	Idem.	»		
		573	Capsule en porcelaine	Idem.	0 40		
		574	Casquette en toile (A)	Idem.	»		
		575	Chalumeau en cuivre (A)	Idem.	»		
		576	Chantier (A)	Idem.	»		
		577	Chariots (A). à poulies en fer	Idem.	»		
		578	d'intérieur	Idem.	»		

CLASSIFICATION DES MATIÈRES ET EFFETS

PAR UNITÉ SOMMAIRE.		PAR UNITÉ DÉTAILLÉE.		UNITÉ RÉGLE-MENTAIRE	PRIX MINISTÉRIELS au CLASSEMENT		
Numéros.	DÉNOMINATION.	Numéros.	DÉNOMINATION.		neuf.	en cours de durée.	d'instruction.
		579	Châssis à baguette (A)	Nombre.	»		
		580	Chèvre avec crochets en fer (A)	Idem.	»		
		581	Chevrette (A)	Idem.	»		
		582	Chevron en sapin du Nord (A)	Idem.	»		
		583	Série (9 chiffres, 0 à 8).. montés sur manche. — 15mm de hauteur..	Idem.	3 30		
		584	10mm de hauteur..	Idem.	3 00		
		585	Isolé	Idem.	0 35		
		586	Romain pour le marquage successif des collections d'effets.	Idem.	0 35		
		587	Chiffres — Série	Idem.	4 00		
		588	en cuivre. Isolé	Idem.	0 40		
		589	Jeu pour la télégraphie militaire (A).	Idem.	»		
100	Objets mobiliers, appareils et outils... (Suite.)	590	Ustensiles et objets d'usage courant. (Suite.) — divers	Idem.	»		
		591	Claie en bois pour poser les étoffes (A)	Idem.	»		
		592	Clef à molette	Idem.	6 60		
		593	Composteur en caoutchouc (A)	Idem.	»		
		594	Compteur à eau (A)	Idem.	»		
		595	Courroie de transmission (A)	Idem.	»		
		596	Creusets divers (A)	Idem.	»		
		597	Cristallisoirs en verre (A)	Idem.	»		
		598	Cruche de laboratoire (A)	Idem.	»		
		599	Cuve à eau en zinc (A)	Idem.	»		
		600	Dessiccateur avec cloche et plaque (A)	Idem.	»		
		601	Empiloir à couvertures	Idem.	10 00		
		602	Engrenage (A)	Idem.	»		
		603	Entonnoirs divers (A)	Idem.	»		
		604	Enveloppes diverses pour étoffes ou couvertures (A)	Idem.	»		
		605	Eprouvettes diverses (A)	Idem.	»		

PAR UNITÉ SOMMAIRE.		PAR UNITÉ DÉTAILLÉE.		UNITÉ RÉGLE-MENTAIRE	PRIX MINISTÉRIELS au CLASSEMENT		
Numéros.	DÉNOMINATION.	Numéros.	DÉNOMINATION.		neuf.	en cours de durée.	d'instruction.
		606	Etiquettes (A) { d'armes	Nombre.	»		
		607	de lit	Idem.	»		
		608	parcheminée	Idem.	»		
		609	passe-partout	Idem.	»		
		610	diverses	Idem.	»		
		611	Etuves { de Coulier	Idem.	25 00		
		612	Wiessneg	Idem.	130 00		
		613	Falot de ronde	Idem.	4 00		
		614	Fil de fer galvanisé (A)	Idem.	»		
		615	Flacons divers (A)	Idem.	»		
		616	Fourneau à moufle, à incinération (A)	Idem.	»		
		617	Fromage en grès (A)	Idem.	»		
		618	Gants pour membres des commissions de réception (la paire)	Idem.	1 50		
100	Objets mobiliers appareils et outils... (Suite.)	619	Ustensiles et objets d'usage courant. (Suite.) Gobelet en verre pour laboratoire (A)	Idem.	»		
		620	Harnais pour voiture à deux roues	Idem.	60 00		
		621	Lampe à esprit de vin	Idem.	1 20		
		622	Lettres { de compagnie en caoutchouc, avec cachet	Idem.	0 35		
		623	H S	Idem.	0 35		
		624	Main en fer pour corde à puits (A)	Idem.	»		
		625	Manches { de timbres	Idem.	0 10		
		626	pour lettres H S	Idem.	0 15		
		627	Matras d'essayeur (A)	Idem.	»		
		628	Monte-charge sans engrenage (A)	Idem.	»		
		629	Mortiers divers (A)	Idem.	»		
		630	Moufle pour coupelle (A)	Idem.	»		
		631	Objets et ustensiles de cuisine. { Cuisine de sous-officier	Idem.	16 75		
		632	Ecumoire	Idem.	1 75		
		633	Egouttoir	Idem.	23 00		
		634	Gamelle	Idem.	11 00		
		635	Grappin	Idem.	1 80		

	PAR UNITÉ SOMMAIRE.		PAR UNITÉ DÉTAILLÉE.	UNITÉ	PRIX MINISTÉRIELS au CLASSEMENT		
Numéros.	DÉNOMINATION.	Numéros.	DÉNOMINATION.	RÉGLEMENTAIRE	neuf.	en cours de durée.	d'instruction.
		636	complète.........	Nombre.	»		
		637	Brosses à nettoyer les marmites et les cafetières { à cafetière.	Idem.	»		
		638	à plaques.	Idem.	»		
		639	à tubes	Idem.	»		
		640	Marmite tubulaire Bernard (A). { Clef pour le démontage des autoclaves....	Idem.	»		
	Objets et ustensiles de cuisine (Suite.)	641	Crochet en fer pour suspendre la viande.....	Idem.	»		
		642	Cuiller en fer battu et manche en bois...	Idem.	»		
		643	Ecumoire.......	Idem.	»		
		644	Fourche en fer..	Idem.	»		

	PAR UNITÉ SOMMAIRE.		PAR UNITÉ DÉTAILLÉE.	UNITÉ	PRIX MINISTÉRIELS au CLASSEMENT		
Numéros.	DÉNOMINATION.	Numéros.	DÉNOMINATION.	RÉGLEMENTAIRE	neuf.	en cours de durée.	d'instruction.
100	Objets mobiliers, appareils et ontils.. (Suite.)	645	Panier en fil de fer	Idem.	»		
		646	Spatule en bois..	Idem.	»		
		647	Poche..... { à bouillon......	Idem.	3 75		
		648	à légumes......	Idem.	4 50		
		649	Ustensiles et objets d'usage courant. (Suite.) { Sac à distribution............	Idem.	2 85		
		650	Spatule en bois.............	Idem.	4 50		
		651	Torchon de cuisine........	Idem.	0 70		
		652	divers.................	Idem.	»		
		653	Barème pour le pesage et le mesurage des étoffes.......	Idem.	»		
		654	Bulletin des Lois (volume)...	Idem.	»		
		655	Ouvrages divers (A). { Bulletin officiel du ministère de la guerre (volume)	Idem.	»		
		656	Journal militaire officiel (volume).............	Idem.	»		
		657	Livrets. { d'officier de peloton.	Idem.	»		
		658	de sergent de section	Idem.	»		
		659	de caporal d'escouade..............	Idem.	»		

CLASSIFICATION DES MATIÈRES ET EFFETS

PAR UNITÉ SOMMAIRE.		PAR UNITÉ DÉTAILLÉE.		UNITÉ RÉGLEMENTAIRE	PRIX MINISTÉRIELS au CLASSEMENT		
Numéros.	DÉNOMINATION.	Numéros.	DÉNOMINATION.		neuf.	en cours de durée.	d'instruction.
		660	Ouvrages divers (A). (Suite.) { Ordonnances, règlements, instructions (volume)	Nombre.	»		
		661	Ouvrages divers (volume)	Idem.	»		
		662	Tracés de coupe	Idem.	»		
		663	divers	Idem.	»		
		664	Palan à hélice avec sa chaîne (A)	Idem.	»		
		665	Pantalons de toile divers (A)	Idem.	»		
		666	Papiers divers pour analyses chimiques (le cahier) (A)	Idem.	»		
		667	Patin mobile pour les étoffes	Idem.	5 50		
		668	Pilons divers (A)	Idem.	»		
		669	Pipettes diverses (A)	Idem.	»		
		670	Piquets en fer (A)	Idem.	»		
		671	chiffre ou lettre	Idem.	0 25		

PAR UNITÉ SOMMAIRE.		PAR UNITÉ DÉTAILLÉE.		UNITÉ RÉGLEMENTAIRE	PRIX MINISTÉRIELS au CLASSEMENT		
Numéros.	DÉNOMINATION.	Numéros.	DÉNOMINATION.		neuf.	en cours de durée.	d'instruction.
100	Objets mobiliers, appareils et outils... (Suite.)	672	Ustensiles et objets d'usage courant. (Suite.) { Plaques { avec les lettres H S	Idem.	0 55		
		673	avec numéro du corps	Idem.	1 20		
		674	Plateau en bois ferré (A)	Idem.	»		
		675	Pompes { à main	Idem.	10 00		
		676	avec accessoires	Idem.	30 00		
		677	Pont ferré mobile (A)	Idem.	»		
		678	Porte { capsule	Idem.	2 00		
		679	gamelles	Idem.	0 60		
		680	Poteaux (A) { d'empiloir	Idem.	»		
		681	limite de camp	Idem.	»		
		682	Poulies { en bois, avec sa corde	Idem.	5 00		
		683	en fer, diverses (A)	Idem.	»		
		684	Réservoir d'eau (A)	Idem.	»		
		685	Robinet de jauge (A)	Id.m.	»		
		686	Sangle de suspension (A)	Idem.	»		
		687	Sous-traits divers pour les effets (A)	Idem.	»		
		688	Spatules (A) { en fer	Idem.	»		
		689	en porcelaine	Idem.	»		

CLASSIFICATION DES MATIÈRES ET EFFETS					UNITÉ RÈGLEMENTAIRE	PRIX MINISTÉRIELS au CLASSEMENT		
PAR UNITÉ SOMMAIRE.		PAR UNITÉ DÉTAILLÉE.						
Numéros.	DÉNOMINATION.	Numéros.	DÉNOMINATION.			neuf.	en cours de durée.	d'instruction.
		690	Spatules (A). (Suite.)	en verre	Nombre.	»		
		691		diverses	Idem.	»		
		692	Stalles	pour le classement des étoffes (A)	Idem.	»		
		693	pour l'embarquement des chevaux.	Double	Idem.	118 00		
		694		Simple	Idem.	59 00		
		695	Support pour tubes à essais (A)		Idem.	»		
		696	Timbre de régiment (caoutchouc)	grand modèle	Idem.	1 75		
		697		petit modèle	Idem.	1 50		
		698	Tonneaux..	monté sur haquet	Idem.	200 00		
		699		pour arrosage des magasins.	Idem.	16 00		
		700	Trépieds en fer (A)		Idem.	»		
		701	Treuil mécanique pour ascenseur (A)		Idem.	»		
100	Objets mobiliers, appareils et outils.. (Suite.)	702	Ustensiles et objets d'usage courant. (Suite.)	Tubes à essais (la dizaine) (A)	Idem.	»		
		703		Tubulure (accessoire de compteur à eau) (A)	Idem.	»		
		704		Tuyau en cuivre de 1 kilog. 500 (A)	Idem.	»		
		705		Urne pour vote de conseil d'administration (A)	Idem.	»		
		706	Ustensiles pour chambrées (A).	Balai	Idem.	»		
		707		Baquet	Idem.	»		
		708		Cruche	Idem.	»		
		709		Gamelle	Idem.	»		
		710		Divers	Idem.	»		
		711	Valet en paille tressée (A)		Idem.	»		
		712	Vases divers à précipités (A)		Idem.	»		
		713	Verres	à expériences	Idem.	0 40		
		714		à illuminations	Idem.	0 10		
		715		divers	Idem.	»		
		716	Vessie de porc (A)		Idem.	»		
		717	Volige (A)		Idem.	»		
		718	Divers		Idem.	»		

CLASSIFICATION DES MATIÈRES ET EFFETS				UNITÉ RÈGLE-MENTAIRE	PRIX MINISTÉRIELS au CLASSEMENT		
PAR UNITÉ SOMMAIRE.		PAR UNITÉ DÉTAILLÉE.					
Numéros.	DÉNOMINATION.	Numéros.	DÉNOMINATION.		neuf.	en cours de durée.	d'ins-truction.

CHAPITRE VII.
MATIÈRES PREMIÈRES ET ACCESSOIRES DIVERS POUR RÉPARATIONS.

Numéros (sommaire)	DÉNOMINATION (sommaire)	Numéros	DÉNOMINATION (détaillée)	UNITÉ	neuf.	en cours de durée.	d'instruction.
		1	Agrafe et porte-agrafe	Nombre.	0 08		
		2	Aiguilles — à coudre (le paquet de 25)	Idem.	0 40		
		3	Aiguilles — à repriser (le paquet de 25)	Idem.	0 45		
		4	Aiguilles — de sellier (la douzaine)	Idem.	0 60		
		5	Aiguilles — de voilier	Idem.	0 05		
		6	Anneau étamé	Idem.	0 20		
		7	Boucles — en cuivre, diverses	Idem.	0 05		
		8	Boucles — étamées diverses — grandes	Idem.	0 15		
		9	Boucles — étamées diverses — petites	Idem.	0 05		
		10	Boucles — noires diverses	Idem.	0 05		
		11	Boucles — diverses (A)	Idem.	»		
101	Matières au nombre.	12	Accessoires en métal et bouclerie. Boutons — en cuivre	Idem.	0 05		
		13	Boutons — en zinc	Idem.	0 05		
		14	Boutons — divers (A)	Idem.	»		
		15	Douille en cuivre jaune brasée	Idem.	0 15		
		16	Fer-blanc (feuille)	Idem.	1 25		
		17	Œillets métalliques (A)	Idem.	»		
		18	Oreillons — de marmite	Idem.	0 20		
		19	Oreillons — de petit bidon	Idem.	0 10		
		20	Oreillons — divers	Idem.	»		
		21	Passant — de marmite ou de nécessaire individuel de campement	Idem.	0 07		
		22	Passant — de bidon	Idem.	0 05		
		23	Divers	Idem.	»		
		24	Objets divers. Balais divers (A)	Idem.	»		
		25	Brosses diverses (A)	Idem.	»		
		26	Chapeau en bois tourné, peint et garni	Idem.	4 35		
		27	Contre-sanglon en cuir	Idem.	0 55		
		28	Courroie d'assemblage	Idem.	0 70		

CLASSIFICATION DES MATIÈRES ET EFFETS					UNITÉ RÉGLEMENTAIRE	PRIX MINISTÉRIELS au CLASSEMENT		
PAR UNITÉ SOMMAIRE.		PAR UNITÉ DÉTAILLÉE.						
Numéros.	DÉNOMINATION.	Numéros.	DÉNOMINATION.			neuf.	en cours de durée.	d'instruction.
101	Matières au nombre. (Suite.)		Objets divers. (Suite.)					
		29	Enveloppe de chapeau en cuir noir		Nombre.	2 60		
		30	Grès à affuter		Idem.	2 60		
		31	Jonc		Idem.	0 15		
		32	Manches de limes à virole		Idem.	0 10		
		33	Molette en marbre (A)		Idem.	»		
		34	Olive en bois		Idem.	0 05		
		35	Papier émeri et de verre (feuille)		Idem.	0 10		
		36	Pinceaux et plumeaux (A)		Idem.	»		
		37	Piton pour chapeau de tente		Idem.	0 50		
		38	Postillon en bois		Idem.	0 10		
		39	Rondelle en cuir corroyé et estampé		Idem.	0 10		
		40	Savonnettes pour les commissions		Idem.	3 00		
		41	à vitres dépoli (feuille) (A)		Idem.	»		

Numéros.	DÉNOMINATION.	Numéros.	DÉNOMINATION.		UNITÉ RÉGLEMENTAIRE	neuf.	en cours de durée.	d'instruction.
102	Matières au poids.		Aciers, fers et métaux divers.					
		42	Verres	à vitres double ou simple (caisse)	Idem.	50 00		
		43		divers (A)	Idem.	»		
		44	Divers		Idem.	»		
		1	Acier	d'Allemagne	Kilog.	1 50		
		2		fondu anglais	Idem.	1 50		
		3	Brasure (cuivre) (A)		Idem.	»		
		4	Clous divers		Idem.	2 15		
		5	Cuivre		Idem.	2 20		
		6	Etain fin		Idem.	4 00		
		7	Fers de diverses grosseurs		Idem.	0 90		
		8	Fil de fer		Idem.	0 70		
		9	Fil de laiton		Idem.	2 85		
		10	Pitons	à vis	Idem.	2 50		
		11		divers	Idem.	0 65		
		12	Plomb en saumon		Idem.	0 60		
		13	Pointes diverses		Idem.	0 60		
		14	Tôles	étamée	Idem.	1 65		
		15		diverses (A)	Idem.	»		

CLASSIFICATION DES MATIÉRES ET EFFETS					UNITÉ RÉGLEMENTAIRE	PRIX MINISTÉRIELS au CLASSEMENT		
PAR UNITÉ SOMMAIRE.		PAR UNITÉ DÉTAILLÉE.						
Numéros.	DÉNOMINATION.	Numéros.	DÉNOMINATION.			neuf.	en cours de durée.	d'instruction.
		16	Aciers, fers et métaux divers. (Suite.)	Vis assorties	Kilog.	2 80		
		17		Zinc { en feuille	Idem.	0 75		
		18		Zinc { en rognures	Idem.	0 30		
		19		Divers	Idem.	»		
		20	Cuirs (A).	Basane en mouton	Idem.	»		
		21		de bœuf ou de vache	Idem.	»		
		22		de buffle	Idem.	»		
		23		de cheval	Idem.	»		
		24		de Hongrie	Idem.	»		
		25		de mouton ou de chèvre	Idem.	»		
		26		divers	Idem.	»		
		27		azotique ou nitrique	Idem.	0 60		
		28		chlorhydrique ou muriatique	Idem.	0 45		
102	Matières au poids... (Suite).	29	Acides... { phénique { liquéfié	Idem.	1 80		
		30		phénique { non liquéfié	Idem.	2 50		
		31		sulfurique (ou huile de vitriol)	Idem.	0 25		
		32		divers (A)	Idem.	»		
		33	Ingrédients et combustibles.	Alun	Idem.	0 45		
		34		Blanc de Meudon	Idem.	0 05		
		35		Bleu charron	Idem.	0 50		
		36		Bois à brûler (au quintal)	Idem.	3 00		
		37		Borax	Idem.	1 60		
		38		Camphre	Idem.	5 00		
		39		Céruse	Idem.	1 00		
		40		Charbons (au quintal). { de bois	Idem.	16 00		
		41		Charbons (au quintal). { de terre	Idem.	4 00		
		42		Divers (A)	Idem.	»		
		43		Ciment de Portland	Idem.	0 45		
		44		Cire jaune	Idem.	4 00		
		45		Coaltar	Idem.	0 30		

CLASSIFICATION DES MATIÈRES ET EFFETS					UNITÉ RÉGLEMENTAIRE	PRIX MINISTÉRIELS au CLASSEMENT		
PAR UNITÉ SOMMAIRE.			PAR UNITÉ DÉTAILLÉE.					
Numéros.	DÉNOMINATION.	Numéros.	DÉNOMINATION.			neuf.	en cours de durée.	d'instruction.
		46	Colles....	de peau.	Kilog.	0 30		
		47		forte	Idem.	2 00		
		48		diverses (A)	Idem.	»		
		49	Dégras.		Idem.	2 40		
		50	Eau de cuivre.		Idem.	0 60		
		51	Essence de térébenthine		Idem.	1 30		
		52	Étoupes.		Idem.	1 00		
		53	Goudron.		Idem.	0 50		
		54	Graisse Thomas.		Idem.	1 60		
		55		antoxyde Bourgeois	Idem.	1 40		
		56		de lin	Idem.	1 05		
		57	de pied...	de bœuf.	Idem.	1 40		
		58		de mouton	Idem.	3 10		
102	Matières au poids... (Suite.)	59	Huiles....	d'olive	Idem.	2 30		
		60	Ingrédients et combustibles. (Suite.)	épurée	Idem.	1 20		
		61		grasse siccative	Idem.	1 55		
		62		lourde de houille	Idem.	0 25		
		63		diverses (A)	Idem.	»		
		64	Jaune broyé.		Idem.	1 30		
		65	Liquide pour extincteur Zapfle.		Idem.	0 90		
		66	Litharge		Idem.	0 70		
		67	Mastic de vitrier.		Idem.	0 35		
		68	Mine de plomb.		Idem.	0 50		
		69	Minium en poudre.		Idem.	0 90		
		70		broyé	Idem.	1 25		
		71		de charbon	Idem.	0 55		
		72	Noirs....	de fumée	Idem.	1 50		
		73		d'ivoire (A)	Idem.	»		
		74		léger	Idem.	3 20		
		75		divers (A)	Idem.	»		
		76	Nourriture Mironde.		Idem.	1 35		

CLASSIFICATION DES MATIÈRES ET EFFETS

PAR UNITÉ SOMMAIRE.		PAR UNITÉ DÉTAILLÉE.		UNITÉ RÉGLE-MENTAIRE	PRIX MINISTÉRIELS au CLASSEMENT		
Numéros.	DÉNOMINATION.	Numéros.	DÉNOMINATION.		neuf.	en cours de durée.	d'ins-pection.
		77	Ocre de couleurs variables	Kilog.	0 50		
		78	Oléorésine de térébenthine	Idem.	2 50		
		79	Peinture préparée. { verte et noire	Idem.	1 40		
		80	noire	Idem.	1 00		
		81	jaune à l'huile	Idem.	1 00		
		82	Pierre ponce	Idem.	0 60		
		83	Plâtre	Idem.	0 10		
		84	Potasse d'Amérique	Idem.	1 30		
		85	Poudre de pyrèthre	Idem.	5 35		
		86	Résine	Idem.	0 50		
		87	Ingré-dients et com-bustibles. (Suite.) Rouge broyé	Idem.	1 35		
		88	Savons divers (A)	Idem.	»		
		89	ammoniac	Idem.	2 50		

PAR UNITÉ SOMMAIRE.		PAR UNITÉ DÉTAILLÉE.		UNITÉ RÉGLE-MENTAIRE	PRIX MINISTÉRIELS au CLASSEMENT		
Numéros.	DÉNOMINATION.	Numéros.	DÉNOMINATION.		neuf.	en cours de durée.	d'ins-pection.
102	Matières au poids (Suite.)	90	Sels { de soude	Idem.	0 45		
		91	divers (A)	Idem.	»		
		92	Semence mécanique	Idem.	1 20		
		93	Siccatif zumatique en poudre	Idem.	1 80		
		94	Soudure	Idem.	2 40		
		95	Soufre	Idem.	0 40		
		96	Suif de mouton	Idem.	1 00		
		97	Vernis noir minéral	Idem.	0 60		
		98	Vert anglais	Idem.	0 70		
		99	Divers	Idem.	»		
		100	à muraille	Idem.	1 60		
		101	à piquet { grosse	Idem.	1 80		
		102	petite	Idem.	1 60		
		103	Objets divers. } Cordes { d'auvent	Idem.			
		104	de fermeture	Idem.	1 60		
		105	de nervure	Idem.			
		106	diverses	Idem.	1 25		

CLASSIFICATION DES MATIÈRES ET EFFETS					UNITÉ RÈGLE-MENTAIRE	PRIX MINISTÉRIELS au CLASSEMENT		
PAR UNITÉ SOMMAIRE.		PAR UNITÉ DÉTAILLÉE.						
Numéros.	DÉNOMINATION.	Numéros.	DÉNOMINATION.			neuf.	en cours de durée.	d'instruction.
102	Matières au poids... (Suite.)	107	Objets divers (Suite.)	Cordeaux. { de chanvre	Kilogr.	1 60		
		108		Cordeaux. de coton	Idem.	6 00		
		109		Cordeaux. divers	Idem.	3 00		
		110		Épingles (A)	Idem.	»		
		111		Éponges	Idem.	17 50		
		112		Ficelles de diverses grosseurs	Idem.	4 25		
		113		Fils { à voile	Idem.	2 20		
		114		Fils de sellier	Idem.	2 50		
		115		Fils écru	Idem.	8 50		
		116		Fils noir	Idem.	8 50		
		117		Fils divers	Idem.	»		
		118		Laine filée	Idem.	14 00		
		119		Papier goudronné	Idem.	1 00		
103	Matières au mètre...	120		Rivets en fer étamé	Idem.	1 75		
		121		Soies diverses	Idem.	14 00		
		122	Divers.	Divers	Idem.	»		
		123		Divers	Idem.	»		
		1		Bois en feuille (A). { blanc	Mètre.	»		
		2		de chêne	Idem.	»		
		3		de frêne	Idem.	»		
		4		de hêtre	Idem.	»		
		5		de peuplier	Idem.	»		
		6		de sapin	Idem.	»		
		7		divers	Idem.	»		
		8		Objets divers. { Ganse de laine	Idem.	0 15		
		9		Ruban de fil	Idem.	0 10		
		10		Verre à vitres strié (A)	Idem.	»		
		11		divers	Idem.	»		
		12	Divers.	Divers	Idem.	»		
104	Matières au mètre cube.	1	Bois..... { blanc de Hollande	Mèt. cube	75 00		
		2		de chêne	Idem.	170 00		

| CLASSIFICATION DES MATIÈRES ET EFFETS | | | | | UNITÉ RÈGLEMENTAIRE | PRIX MINISTÉRIELS au CLASSEMENT | | |
| PAR UNITÉ SOMMAIRE. | | PAR UNITÉ DÉTAILLÉE. | | | | | | |
Numéros.	DÉNOMINATION.	Numéros.	DÉNOMINATION.			neuf.	on cours de durée.	d'instruction.
104	Matières au mètre cube. (*Suite*).	3	Bois.... (*Suite.*)	de frêne	Mèt. cube	100 00		
		4		de hêtre	*Idem.*	70 00		
		5		de peuplier grisard	*Idem.*	85 00		
		6		de sapin rouge du Nord	*Idem.*	75 00		
		7		divers (A)	*Idem.*	»		
105	Matières au litre....	1	Encre Dagron		Litre.	12 00		
		2	Divers		*Idem.*	»		
106	Matières à l'hectolitre	1	Coke		Hectolit.	2 20		
		2	Sciure de bois		*Idem.*	0 60		
		3	Divers		*Idem.*	»		

| CLASSIFICATION DES MATIÈRES ET EFFETS | | | | UNITÉ RÉGLEMENTAIRE | PRIX MINISTÉRIELS au CLASSEMENT | |
| PAR UNITÉ SOMMAIRE. | | PAR UNITÉ DÉTAILLÉE. | | | HORS de service | OBSERVATIONS. |
Numéros.	DÉNOMINATION.	Numéros.	DÉNOMINATION.			
			CHAPITRE VIII.			
			EFFETS HORS DE SERVICE.			
107	Effets décomptés au mètre	1	*Matières premières* Draps, flanelles, satins et velours	Mètre.		
		2	Toiles et treillis	Idem.		
		3	diverses	Idem.		
		4	Divers	Idem.		
108	Effets et objets décomptés au poids.	1	Blouses et bourgerons divers	Kilog.		
		2	Caleçons	Idem.		
		3	Capotes et collets à capuchon de toute nature	Idem.		
		4	Ceintures diverses	Idem.		
		5	Chaussettes et bas	Idem.		
		6	Chemises	Idem.		
		7	*Effets d'habillement.* Cravates et cols	Idem.		
		8	Débris d'étoffes ou d'effets de laine	Idem.		
		9	Débris de toile ou d'effets en toile	Idem.		
		10	Dolmans	Idem.		
		11	Épaulettes diverses	Idem.		
		12	Gants divers	Idem.		
		13	Gilets en drap, coton, flanelle et laine	Idem.		
		14	Guêtres en cuir, en drap, en toile et bandes molletières	Idem.		
		15	Jerseys	Idem.		
		16	Képis, calottes, chéchias, bérets, toques et turbans	Idem.		
		17	Manteaux et collets-manteaux divers	Idem.		
		18	Matelassures de cuirasse	Idem.		
		19	Mouchoirs	Idem.		
		20	Paletots, vareuses et vestes en drap ou en toile	Idem.		
		21	Pantalons d'ordonnance, de cheval et de travail divers	Idem.		
		22	Portemanteaux	Idem.		

CLASSIFICATION DES MATIÈRES ET EFFETS

PAR UNITÉ SOMMAIRE.		PAR UNITÉ DÉTAILLÉE.		UNITÉ RÈGLEMENTAIRE	PRIX MINISTÉRIELS au CLASSEMENT	
Numéros.	DÉNOMINATION.	Numéros.	DÉNOMINATION.		HORS de service	OBSERVATIONS.
		23	Sabots	Kilog.		
	Effets d'habillement. (Suite).	24	Shakos et casquettes	Idem.		
		25	Souliers, brodequins, bottes et bottines	Idem.		
		26	Tabliers en toile	Idem.		
		27	Tuniques	Idem.		
		28	divers	Idem.		
		29	Boucles de pantalon	Idem.		
		30	Boutons	Idem.		
		31	Brassards	Idem.		
		32	Bretelles de pantalon	Idem.		
		33	Courroies d'effets	Idem.		
	Accessoires d'effets d'habillement.	34	Fausses-bottes	Idem.		
		35	en or ou argent	Idem.		
108	Effets et objets décomptés au poids. (Suite).	36	Galons { en laine ou fil	Idem.		
		37	divers	Idem.		
		38	Insignes, ornements et attributs	Idem.		
		39	Objets de passementerie	Idem.		
		40	Pattes et écussons	Idem.		
		41	divers	Idem.		
	Accessoires d'effets de coiffure.	42	Aigrettes, glands, plumets et pompons	Idem.		
		43	Couvre-nuque et couvre-casquette	Idem.		
		44	Pièces et accessoires divers de casque, képi, shako et casquette	Idem.		
		45	Visières	Idem.		
		46	divers	Idem.		
	Accessoires d'effets de chaussure	47	Chaussons	Idem.		
		48	Eperons et accessoires	Idem.		
		49	Sous-pieds	Idem.		
		50	divers	Idem.		
	Effets d'équipement.	51	Banderoles diverses	Idem.		
		52	Bretelles de cuir de toute nature	Idem.		

CLASSIFICATION DES MATIÈRES ET EFFETS				UNITÉ RÈGLEMENTAIRE	PRIX MINISTÉRIELS au CLASSEMENT	
PAR UNITÉ SOMMAIRE.		PAR UNITÉ DÉTAILLÉE.				
Numéros.	DÉNOMINATION.	Numéros.	DÉNOMINATION.		HORS de service	OBSERVATIONS.
		53	Cartouchières, gibernes, chargeurs mobiles et poches à cartouches............	Kilog.		
		54	Ceinturons divers, complets ou incomplets, et plaques de ceinturon........	Idem.		
		55	Dragonnes diverses................	Idem.		
		56	Équipements de tambour, clairon et trompette, complets ou incomplets........	Idem.		
	Effets d'équipement. (Suite.)	57	Étuis divers (d'instruments de musique, de revolvers, de sifflets de signal).....	Idem.		
		58	Havresacs divers....................	Idem.		
		59	Houzeaux divers	Idem.		
		60	Porte-épées et porte-fourreaux divers...	Idem.		
		61	Sifflets de signal....................	Idem.		
		62	Vieux cuir........................	Idem.		
		63	Vieux cuivre......................	Idem.		
		64	Vieux fer et débris de fer blanc.........	Idem.		
		65	Divers	Idem.		
108	Effets et objets décomptés au poids. (Suite).	66	Pièces et accessoires divers............	Idem.		
		67	Besaces, étuis, sacs, trousses et accessoires..........................	Idem.		
	Accessoires d'effets d'équipement.	68	Effets de propreté divers..............	Idem.		
		69	Effets de pansage divers..............	Idem.		
		70	Divers	Idem.		
		71	Accessoires de tentes diverses..........	Idem.		
		72	Accessoires d'ustensiles divers..........	Idem.		
		73	Accessoires divers de moulins à café.....	Idem.		
		74	Bois de tentes de toute nature..........	Idem.		
	Effets de campement.	75	Caisses et cantines diverses............	Idem.		
		76	Cordeaux de toute nature..............	Idem.		
		77	Draps de lit.......................	Idem.		
		78	Enveloppes diverses.................	Idem.		
		79	Étuis d'outils divers.................	Idem.		
		80	Étuis d'ustensiles divers..............	Idem.		
		81	Maillets..........................	Idem.		

CLASSIFICATON DES MATIÈRES ET EFFETS

PAR UNITÉ SOMMAIRE.		PAR UNITÉ DÉTAILLÉE.		UNITÉ RÉGLE-MENTAIRE	PRIX MINISTÈRIELS au CLASSEMENT	
Numéros.	DÉNOMINATION.	Numéros.	DÉNOMINATION.		HORS de service	OBSERVATIONS.
		82	Outils en fer de toute nature	Kilog.		
		83	Paillassons et nattes divers	Idem.		
		84	Piquets de tente divers	Idem.		
		85	Pliants	Idem.		
		86	Peaux de mouton	Idem.		
		87	Tables de tentes diverses	Idem.		
		88	Tablettes de tentes diverses	Idem.		
		89	Effets de campement. (Suite.) — en bois	Idem.		
		90	en cuir	Idem.		
		91	en étain	Idem.		
		92	Objets divers de campement. — en fer	Idem.		
		93	en laine	Idem.		
108	Effets et objets décomptés au poids.	94	en plomb	Idem.		
	(Suite.)	95	en toile	Idem.		
		96	divers	Idem.		
		97	Caisses et tonneaux divers	Idem.		
		98	Cordes d'emballage et ficelles diverses	Idem.		
		99	Paniers d'emballage	Idem.		
		100	Matériaux d'emballage. — Résidus de bois de caisses	Idem.		
		101	Résidus de paille ou de paillassons	Idem.		
		102	Toiles d'emballage	Idem.		
		103	Vieux papiers	Idem.		
		104	Divers	Idem.		
		105	Ouvrages divers (livres, livrets, cartes, plans. etc.)	Idem.		
		106	Divers	Idem.		
		1	Casques divers	Nombre.		
109	Effets et objets décomptés au nombre.	2	Effets d'équipement. — Caisses complètes et incomplètes	Idem.		
		3	Cannes de tambour-major et de caporal tambour	Idem.		
		4	Clairons	Idem.		

CLASSIFICATION DES MATIÈRES ET EFFETS

PAR UNITÉ SOMMAIRE.		PAR UNITÉ DÉTAILLÉE.		UNITÉ RÉGLEMENTAIRE	PRIX MINISTÉRIELS au CLASSEMENT	
Numéros.	DÉNOMINATION.	Numéros	DÉNOMINATION.		HORS de service	OBSERVATIONS.
	Effets d'équipement. (*Suite*).	5	Instruments de musique	Nombre.		
		6	Trompettes	*Idem.*		
		7	Divers	*Idem.*		
		8	Couvertures diverses. { grandes	*Idem.*		
		9	{ petites	*Idem.*		
		10	Manteaux d'armes divers (toile)	*Idem.*		
		11	Moulins à café divers	*Idem.*		
	Effets de campement.	12	Tentes (toile) { de conseil et de tentes baraques diverses	*Idem.*		
		13	elliptiques diverses	*Idem.*		
		14	côniques diverses	*Idem.*		
		15	de marche diverses	*Idem.*		
		16	du modèle Waldéjo	*Idem.*		
		17	diverses	*Idem.*		
109	Effets et objets décomptés au nombre. (*Suite.*)	18	Sacs tentes-abris ou de couchage divers	*Idem.*		
		19	Ustensiles de cantines à vivres divers	*Idem.*		
		20	Ustensiles de toute nature	*Idem.*		
		21	Divers	*Idem.*		
	Objets mobiliers, appareils et outils.	22	Objets se rattachant à l'appareil. { de buanderie	*Idem.*		
		23	de cuisine à vapeur	*Idem.*		
		24	à décatir	*Idem.*		
		25	d'incendie	*Idem.*		
		26	Ustensiles pour chambrées	*Idem.*		
		27	Balances, poids et instruments de précision	*Idem.*		
		28	Objets { en cuivre	*Idem.*		
		29	en fonte, zinc, fer et fer-blanc	*Idem.*		
		30	en bois, en osier ou en caoutchouc	*Idem.*		
		31	en porcelaine, verre ou cristal	*Idem.*		
		32	divers	*Idem.*		
		33	Divers	*Idem.*		

I.

COMPOSITION DES TENTES

comprises dans la Nomenclature, avec décompte des accessoires qui servent à les dresser.

DÉNOMINATION DES OBJETS		QUANTITÉS d'accessoires nécessaires par espèce de tente.	PRIX PAR UNITÉ.	MONTANT.	
PAR UNITÉ PRINCIPALE.	PAR UNITÉ DÉTAILLÉE.				
92. Tente cônique, à 20 hommes, à capuchon, complète....	Montant de forme arrondie.....................	1	5 00	5 00	
	Supports d'auvent...........................	2	0 75	1 50	
	Maillets....................................	2	0 50	1 00	154 43
	Piquets de tente (grands)....................	29	0 17	4 93	
	Toile......................................	1	142 00	142 00	
	Montant de forme arrondie...................	1	2 20	2 20	
92. Tente cônique, de 6 mètres de diamètre, à muraille, complète	Supports d'auvent...........................	2	0 75	1 50	
	Maillets....................................	2	0 50	1 00	
	Piquets de tente.... { grands	26	0 17	4 42	143 77
	{ petits	24	0 10	2 40	
	Tablettes rondes avec porte-manteaux.....	2	5 70	11 40	
	Corde de suspension pour tablette ronde...........	1	0 85	0 85	
	Toile......................................	1	120 00	120 00	
92. Tente de conseil, à toit double, complète...	Fers de lance...............................	2	5 00	10 00	
	Montants...................................	2	7 00	14 00	
	Traverses..................................	2	2 95	5 90	
	Supports d'auvent...........................	4	1 10	4 40	
	Maillets....................................	2	0 50	1 00	345 60
	Piquets de tente (grands)....................	45	0 17	7 65	
	Pliants.....................................	8	3 00	24 00	
	Tablette avec tasseau sans porte-manteau.........	1	4 65	4 65	
	Table de conseil (ancien modèle).................	1	26 00	26 00	
	Toile......................................	1	248 00	248 00	

DÉNOMINATION DES OBJETS		QUANTITÉS d'accessoires nécessaires par espèce de tente.	PRIX PAR UNITÉ.	MONTANT.	
PAR UNITÉ PRINCIPALE.	PAR UNITÉ DÉTAILLÉE.				
92. Tente de conseil cônique, complète....	Montant à rainure avec collier en cuivre.	1	21 50	21 50	
	Branches de tente de conseil cônique.	8	2 45	19 60	
	Supports d'auvent.	4	1 10	4 40	
	Piquets de tente (grands).	28	0 17	4 76	282 54
	Maillets.	2	0 50	1 00	
	Pliants.	8	3 00	24 00	
	Table pour tente de conseil cônique.	1	28 45	28 45	
	Toile.	1	179 10	179 10	
92. Tente de marche pour officier, complète...	Montants.	2	0 70	1 40	
	Traverse.	1	2 10	2 10	
	Maillet.	1	0 50	0 50	43 45
	Piquets de tente (petits).	9	0 10	0 90	
	Toile.	1	38 55	38 55	

DÉNOMINATION DES OBJETS		QUANTITÉS d'accessoires nécessaires par espèce de tente.	PRIX PAR UNITÉ.	MONTANT.	
PAR UNITÉ PRINCIPALE.	PAR UNITÉ DÉTAILLÉE.				
92. Tente modèle Waldejo	Support.	1	0 60	0 60	
	Piquets (petits)	3	0 10	0 30	
	Cordeaux.... { de piquet.	5	0 05	0 25	9 80
	{ de tirage	1	0 15	0 15	
	Toile.	1	8 50	8 50	
92. Tente elliptique, à 16 hommes, du modèle modifié, complète..	Goujons.	2	1 20	2 40	
	Montants.	2	2 60	5 20	
	Traverse.	1	2 50	2 50	
	Supports d'auvent.	2	0 75	1 50	157 72
	Maillets.	2	0 50	1 00	
	Piquets de tente (grands).	26	0 17	4 42	
	Tablette avec tasseaux et porte-manteaux.	1	4 70	4 70	
	Toile.	1	136 00	136 00	
92. Manteau d'armes de compagnie, complet.	Bâtonnets.	2	0 40	0 80	
	Montant.	1	4 40	4 40	
	Maillet.	1	0 50	0 50	47 85
	Piquets de tente (grands)	10	0 17	1 70	
	Toile.	1	40 45	40 45	

DÉNOMINATION DES OBJETS		QUANTITÉS d'accessoires nécessaires par espèce de tente.	PRIX PAR UNITÉ.	MONTANT.
PAR UNITÉ PRINCIPALE.	PAR UNITÉ DÉTAILLÉE.			
92. Manteau d'armes de piquet, complet....	Montants..........	2	2 00	4 00
	Râtelier..........	1	2 60	2 60
	Traverse..........	1	2 80	2 80
	Maillet..........	1	0 30	0 50
	Piquets de tente (grands)	12	0 17	2 04
	Toile..........	1	48 70	48 70
				} 60 64
92. Sac tente-abri, complet	Support brisé de sac tente-abri..........	1	0 45	0 45
	Piquets de tente (petits)..........	3	0 10	0 30
	Cordeaux.... { de tirage	1	0 15	0 15
	{ de piquet..........	2	0 05	0 10
	Toile..........	1	6 90	6 90
				} 7 90

II.

ÉTAT faisant connaître la corrélation des numéros sommaires et détaillés de la nomenclature du matériel du service de l'habillement et du campement au 27 décembre 1890 avec ceux de la même nomenclature au 29 avril 1894.

Les trois groupes de colonnes (NUMÉROS D'ORDRE — de l'ancienne nomenclature / de la nouvelle nomenclature, chacun avec CLASSIFICATION sommaire et détaillée) se lisent dans l'ordre : colonne de gauche, colonne du milieu, colonne de droite.

Premier groupe de colonnes — CHAPITRE Iᵉʳ.

de l'ancienne — sommaire	de l'ancienne — détaillée	de la nouvelle — sommaire	de la nouvelle — détaillée
1	1	1	1
	2		2
	3		3
	4		4
	5		»
	6		5
	7		6
	8		7
	9		8
	10		9
	11		10
	12		11
	13		»
	14		12
	15		13
	16		14
	17		15
	18		16
	19		17
	20		»
	21		18
	22		19
	24		20
	25		21
	26		22
	23		23
	27		24
2	1	2	1
	2		2
	3		3
	4		4
	5		5
	6		6
3	1	3	1
	2		2

Deuxième groupe de colonnes (suite du sommaire 3, puis CHAPITRE II.)

de l'ancienne — sommaire	de l'ancienne — détaillée	de la nouvelle — sommaire	de la nouvelle — détaillée
3	3	3	3
	4		4
	5		5
	6		6
	7		7
	8		8
	9		9
	10		10
	11		11
	12		12
	13		13
	14		14
	15		15
	16		16
	17		17
	18		18
	19		19
	20		20
	21		21
	22		22
	23		23
	24		24
	25		25
	26		26
	27		27
	28		28

CHAPITRE II.

de l'ancienne — sommaire	de l'ancienne — détaillée	de la nouvelle — sommaire	de la nouvelle — détaillée
4	1	4	1
	2		2
	2 bis		3
	3		4
5	»	5	»

Troisième groupe de colonnes

de l'ancienne — sommaire	de l'ancienne — détaillée	de la nouvelle — sommaire	de la nouvelle — détaillée
6	1	6	1
	2		2
	3		3
	4		4
	6		5
	5		6
	7		7
	8		8
	9		
7	1	7	1
	2		2
	3		3
	4		4
	5		5
8	1	8	1
	2		2
	3		3
	4		4
9	1	9	1
	2		2
	3		3
	4		4
	5		5
10	1	10	1
	2		2
	3		3

NUMÉROS D'ORDRE

de l'ancienne nomenclature.		de la nouvelle nomenclature.	
CLASSIFICATION		CLASSIFICATION	
sommaire.	détaillée.	sommaire.	détaillée.
11	1 2	11	1 2
12	1 2 3 4 5 6 7 8 9 10 11 12 13 14 15 16 17	12	1 2 3 4 5 6 7 8 9 10 11 12 13 14 15 16 17
13	1 2 3 4 5 6 7 8 9 10	13	1 2 3 4 5 6 7 8 9 10
14	1 2 3 4 5 6	14	1 2 3 4 5 6
15	1 2 3 4	15	1 2 3 4

NUMÉROS D'ORDRE

de l'ancienne nomenclature.		de la nouvelle nomenclature.	
CLASSIFICATION		CLASSIFICATION	
sommaire.	détaillée.	sommaire.	détaillée.
15	5 6 7 8 9	15	5 6 7 8 9
16	1 2 3 4 5 6 7	16	1 2 3 4 5 6 7
17	1	17	1
18	1 2 3 4 5 6 7 8 » 8 bis 9	18	1 2 3 4 5 6 7 8 9 10 11
19	1 2	19	1 2
20	1 2 3	20	1 2 3
21	1 2 3	21	1 2 3

NUMÉROS D'ORDRE

de l'ancienne nomenclature.		de la nouvelle nomenclature.	
CLASSIFICATION		CLASSIFICATION	
sommaire.	détaillée.	sommaire.	détaillée.
22	1 2 3 4 5 6 7 8 9 10 11 12 13 14 » 15 16 » 15 16 17 18 19 20 21 22 23 24 25 26 27 28 29 » 30 31 32 33 34 35	22	1 2 3 4 5 6 7 8 9 10 11 12 13 14 15 16 17 18 19 20 21 22 23 24 25 26 27 28 29 30 31 32 33 34 35 36 37 38 39 40 41 42
23	1 2	23	1 2

NUMÉROS D'ORDRE

Premier groupe

de l'ancienne nomenclature		de la nouvelle nomenclature	
CLASSIFICATION		CLASSIFICATION	
sommaire.	détaillée.	sommaire.	détaillée.
24	1	24	1
	2		2
	3		3
	4		4
	5		5
	6		6
	7		7
25	1	25	1
	2		2
	3		3
	4		4
	5		5
	6		6
	7		7
	8		8
	9		9
	10		10
	11		11
	12		12
	13		13
	14		14
	15		15
	»		16
	16		17
	17		18
	18		19
	19		20
	20		21
	21		22
	22		23
	23		24
	24		25
	25		26
	26		27
	27		28
	28		29
	»		30
	»		31
26	1	26	1
	2		2
	3		3
	4		4
	5		5

Deuxième groupe

de l'ancienne nomenclature		de la nouvelle nomenclature	
CLASSIFICATION		CLASSIFICATION	
sommaire.	détaillée.	sommaire.	détaillée.
26	6	26	6
	7		7
	»		8
	8		9
	9		10
	10		11
	11		12
	12		13
	13		14
	14		15
	15		16
	16		17
			18
	17		19
	18		20
	19		21
	20		22
	21		23
	22		24
	22 *bis*		»
	23		25
»	»	27	1
			2
			3
			4
			5
			6
			7
			8
			9
			10
			11
			12
			13
			14
			15
			16
27	»	28	»
28	1	29	1
	2		2
	3		3
	4		4

Troisième groupe

de l'ancienne nomenclature		de la nouvelle nomenclature	
CLASSIFICATION		CLASSIFICATION	
sommaire.	détaillée.	sommaire.	détaillée.
28	5	29	5
	6		6
	7		7
	8		8
	9		9
29	1	30	1
	2		2
	3		3
	4		4
	5		5
	6		6
	7		7
	8		8
	»		9
	9		10
30	1	31	1
	2		2
	3		3
31	1	32	1
	2		2
	2 *bis*		3
	3		4
32	1	33	1
	2		2
	3		3
33	1	34	1
	2		2
	3		3
	4		4
	5		5
	6		6
	7		7
	8		8
	9		9
	10		10
	11		11
	12		12

NUMÉROS D'ORDRE — CLASSIFICATION

de l'ancienne nomenclature		de la nouvelle nomenclature	
sommaire.	détaillée.	sommaire.	détaillée.
33	13	34	13
	14		14
	15		15
	16		16
	17		17
	18		18
	19		19
	20		20
	21		21
	22		22
	23		23
	24		24
	»		25
	25		26
	26		27
	27		28
	28		29
34	1	35	1
	2		2
	3		3
	4		4
	5		5
	6		6
	7		7
	8		8
	9		9
	10		10
	11		11
	12		12
	13		13
	14		14
	15		15
	16		16
	17		17
	18		18
	18 bis		19
	19		20
	20		21
	21		22
	22		23
	23		24
	24		25
	25		26
	26		27
	27		28
			29
			30
			31

NUMÉROS D'ORDRE — CLASSIFICATION

de l'ancienne nomenclature		de la nouvelle nomenclature	
sommaire.	détaillée.	sommaire.	détaillée.
34	28	35	32
	29		33
	30		34
	31		35
	32		36
	33		37
	34		38
	35		39
	36		40
	37		41
	37 bis		42
	38		43
	39		44
	40		45
	41		46
	42		47
	43		48
	44		49
	44[1]		50
	44[2]		51
	44[3]		52
	44[4]		53
	44[5]		54
	45		55
35	1	36	1
	2		2
	3		3
	4		4
	5		5
	6		6
	7		7
	8		8
	9		9
	10		10
	11		11
	12		12
	13		13
	14		14
	15		15
	16		16
	17		17
	18		18
	19		19
	20		20
	21		21
	22		22
	23		23

NUMÉROS D'ORDRE — CLASSIFICATION

de l'ancienne nomenclature		de la nouvelle nomenclature	
sommaire.	détaillée.	sommaire.	détaillée.
35	24	36	24
	25		25
	26		26
	27		27
	28		28
	29		29
	30		30
	31		31
	31 bis		32
	32		33
	33		34
	34		35
	35		36
	36		37
	37		38
	38		39
	39		40
	40		41
	41		42
	42		43
	43		44
36	1	37	1
	2		2
	3		3
	»		4
	»		5
	4		6
	5		7
	6		8
	7		9
	8		10
	9		11
	10		12
	11		13
37	1	38	1
	2		2
	3		3
	4		4
	5		5
	6		6
	7		7
	»		8
	»		9
	»		10
	8		11

NUMÉROS D'ORDRE

de l'ancienne nomenclature.		de la nouvelle nomenclature.	
CLASSIFICATION		CLASSIFICATION	
sommaire.	détaillée.	sommaire.	détaillée.
38	»	39	»
39	1 2 3 4 5	40	1 2 3 4 5 6 7 8
40	1 2 3	41	1 2 3
41	1 2 3	42	1 2 3
42	1 2 3 4 5 6 7 8 9 10 11 12 13 14 15 16 17 19 18 20 21 22 23 24 25 26 27	43	1 » 2 3 » 4 5 » 6 7 » 8 9 10 11 » 12 » 13 14 15 16 17 » 18 19 » 20 21

NUMÉROS D'ORDRE

de l'ancienne nomenclature.		de la nouvelle nomenclature.	
CLASSIFICATION		CLASSIFICATION	
sommaire.	détaillée.	sommaire.	détaillée.
43	1 2 3 4 5 6 7 8 9 10 11 12	44	1 2 3 4 5 6 7 8 9 10 11 12
44	1 2 3 4	45	1 2 3 4
45	1 2	46	1 2
»	»	47	1 2 3 4 5 6 7 8 9
46	1 2 3 4 5 6	48	1 2 3 4 5 6
47	1 2 3 4 5	49	1 2 3 4 5

NUMÉROS D'ORDRE

de l'ancienne nomenclature.		de la nouvelle nomenclature.	
CLASSIFICATION		CLASSIFICATION	
sommaire.	détaillée.	sommaire.	détaillée.
48	1 2 3 4 5	50	1 2 3 4 5
49	1 2 3 4 5 6 7 8 9 10 11 12 13 14 15 16 17 18 19 20 21 22 23 24 25 26 27 28 29 30 31 32 33 34 35 36 37 38 39 40 41 42	51	1 2 3 4 5 6 7 8 9 10 11 12 13 14 15 16 17 18 19 20 21 22 23 24 25 26 27 28 29 30 31 32 33 34 35 36 37 38 39 40 41 42

NUMÉROS D'ORDRE

de l'ancienne nomenclature.		de la nouvelle nomenclature.	
CLASSIFICATION		CLASSIFICATION	
sommaire.	détaillée.	sommaire.	détaillée.
49	43	51	43
	44		44
	45		45
	46		46
	47		47
	48		48
	49		49
	50		50
	51		51
	52		52
	53		53
	54		54
	55		55
	56		56
	57		57
	58		58
	59		59
	60		60
	61		61
	62		62
	63		63
	64		64
	65		65
	66		66
	67		67
	68		68
	69		69
	70		70
	71		71
	72		72
	73		73
	74		74
	75		75
	76		76
	77		77
	78		78
	79		79
	80		80
	81		81
	82		82
	83		83
	84		84
	85		85
	86		86
	87		87
	88		88
	89		89
	90		90

NUMÉROS D'ORDRE

de l'ancienne nomenclature.		de la nouvelle nomenclature.	
CLASSIFICATION		CLASSIFICATION	
sommaire.	détaillée.	sommaire.	détaillée.
49	91	51	91
	92		92
	93		93
	94		94
	95		95
	96		96
	97		97
	98		98
	99		99
	100		100
	101		101
	102		102
	103		103
	104		104
	105		105
			106
	106		107
	107		108
	108		109
	109		110
	110		111
	111		112
	112		113
	113		114
	114		115
	115		116
	116		117
	117		118
	118		119
	119		120
	120		121
	121		122
	122		123
	123		124
	124		125
	125		126
	126		127
	127		128
	128		129
	129		130
	130		131
	131		132
	132		133
	133		134
	134		135
	135		136
	136		137
	137		138

NUMÉROS D'ORDRE

de l'ancienne nomenclature.		de la nouvelle nomenclature.	
CLASSIFICATION		CLASSIFICATION	
sommaire.	détaillée.	sommaire.	détaillée.
49	138	51	139
	139		140
	140		141
	141		142
	142		143
	143		144
50	1	52	1
	2		2
	3		3
	4		4
	5		5
	6		6
	7		7
	8		8
	9		9
	10		10
51	1	53	1
	2		2
	3		3
	4		4
	5		5
	6		6
	7		7
	8		8
52	1	54	1
	2		2
	3		3
	4		4
	5		5
53	1	55	»
	2		»
	3		»
	»		1
	»		2
	4		3
	5		4
54	1	56	1
	2		2
	3		3

NUMÉROS D'ORDRE

de l'ancienne nomenclature.		de la nouvelle nomenclature.	
CLASSIFICATION		CLASSIFICATION	
sommaire.	détaillée.	sommaire.	détaillée.
54	4 5 6 » 7 » » 8 9 10 11	56	4 5 6 7 8 9 10 11 12 13 14
55	1 2	57	1 2
»	»	58	1 2 3 4 5 6 7
56	1 2 3 4 5	59	1 2 3 4 5
57	1 2 3 4 5 6 7 8	60	1 2 3 4 5 6 7 8
58	1 2 3	61	1 2 3

NUMÉROS D'ORDRE

de l'ancienne nomenclature.		de la nouvelle nomenclature.	
CLASSIFICATION		CLASSIFICATION	
sommaire.	détaillée.	sommaire.	détaillée.
59	»	62	»
60	1 2 3 4 5 6 7	63	1 2 3 4 5 6 7
61	1 2 3 4 5 6 7 8 9 10 11 12 13 14 15 16 17 18 19 » 20 21 22 » 23 24 25 26 27 28 28 *bis* 29 30 » 31 32	64	1 2 3 4 5 6 7 » 8 9 10 11 12 13 » 14 15 16 17 18 19 20 21 22 23 24 25 26 27 28 29 30 31 32 33 34

NUMÉROS D'ORDRE

de l'ancienne nomenclature.		de la nouvelle nomenclature.	
CLASSIFICATION		CLASSIFICATION	
sommaire.	détaillée.	sommaire.	détaillée.
61	33 34 35 36 37 38 39 40 41 42 43 44 45 46 47 48 49 50 51 » 52 » 53 53 *bis* » 54 55 56 57 58 59 60 61 62 63 64 65 66 67 68 » » 69 70 71 72 73 74	64	35 36 37 38 39 40 41 42 43 44 45 46 47 48 49 50 51 » 52 53 54 55 56 57 58 59 60 61 62 63 64 65 66 67 68 69 70 71 72 73 74 75 76 77 78 79 80 81 82

NUMÉROS D'ORDRE				NUMÉROS D'ORDRE				NUMÉROS D'ORDRE			
de l'ancienne nomenclature.		de la nouvelle nomenclature.		de l'ancienne nomenclature.		de la nouvelle nomenclature.		de l'ancienne nomenclature.		de la nouvelle nomenclature.	
CLASSIFICATION		CLASSIFICATION		CLASSIFICATION		CLASSIFICATION		CLASSIFICATION		CLASSIFICATION	
sommaire.	détaillée.	sommaire.	détaillée.	sommaire.	détaillée.	sommaire.	détaillée.	sommaire.	détaillée.	sommaire.	détaillée.
61	75	64	83	62	1	65	1	62	47	65	50
	76		84		2		2		48		51
	77		85		3		3		»		52
	78		86		4		4		49		53
	79		87		5		5		50		54
	80		88		6		6		51		55
	81		89		7		7		52		56
	82		90		8		8		53		57
	83		91		9		9		54		58
	84		92		10		10		55		59
	85		93		11		11		56		60
	86		94		12		12		57		61
	87		95		13		13		58		62
	88		96		14		14		59		63
	89		97		15		15		60		64
	90		98		16		16		61		65
	91		99		17		17		62		66
	92		100		18		18		63		67
	93		101		19		19		64		68
	94		102		20		20		65		69
	95		103		20 bis		21		66		70
	96		104		21		22		67		71
	97		105		»		23		68		72
	98		106		22		24		69		73
	99		107		23		25		70		74
	100		108		24		26		71		75
	100^1		109		25		27		72		76
	100^2		110		26		28		73		77
	100^3		111		27		29		74		78
	100^4		112		28		30		75		79
	100^5		113		29		31		76		80
	100^6		114		30		32		77		81
	100^7		115		31		33		78		82
	100^8		116		32		34		79		83
	100^9		117		33		35		80		84
	101		118		34		36		81		85
	102		119		35		37		82		86
	103		120		36		38		83		87
	104		121		37		39		83 bis		88
	104 bis		122		38		40		84		89
	»		123		39		41		85		90
	»		124		40		42		86		91
	»		125		41		43		87		92
	»		126		42		44		88		93
	»		127		43		45		89		94
	»		128		43 bis		46		90		95
	105		129		44		47		91		96
					45		48		92		97
					46		49		94		98

NUMÉROS D'ORDRE (groupe 1)

de l'ancienne nomenclature		de la nouvelle nomenclature	
CLASSIFICATION sommaire	détaillée	CLASSIFICATION sommaire	détaillée
62	95	65	99
	96		100
	97		101
	98		102
	98 *bis*		103
	99		104
	100		105
	101		106
	»		107
	102		108
	103		109
	104		110
	105		111
	106		112
	107		113
	108		114
	109		115
	110		116
	111		117
	112		118
	113		119
	114		120
	115		121
	116		122
	117		123
	118		124
	119		125
	120		126
	121		127
	122		128
	123		129
	124		130
	125		131
	126		132
	127		133
	128		134
	129		135
	130		136
	131		137
	132		138
	133		139
	134		140
	135		141
	136		142
	137		143
	138		144
	139		145
	140		146
	141		147

NUMÉROS D'ORDRE (groupe 2)

de l'ancienne nomenclature		de la nouvelle nomenclature	
CLASSIFICATION sommaire	détaillée	CLASSIFICATION sommaire	détaillée
62	142	65	148
	143		149
	144		150
	145		151
	146		152
	147		153
	148		154
	149		155
	150		156
	151		157
	152		158
	153		159
	154		160
	155		{ 161 162
	156		163
	157		164
	158		165
	159		166
	160		167
	161		168
	162		169
	163		170
	164		171
	165		172
	166		173
	167		174
	168		175
	169		176
	170		177
	171		178
	172		179
	173		180
	174		181
	175		182
	176		183
	177		184
	178		185
	179		186
	180		187
	181		188
	182		189
	183		190
	184		191
	185		192
	186		193
	187		194
	188		195
	189		196

NUMÉROS D'ORDRE (groupe 3)

de l'ancienne nomenclature		de la nouvelle nomenclature	
CLASSIFICATION sommaire	détaillée	CLASSIFICATION sommaire	détaillée
62	190	65	197
	191		198
	192		199
	193		200
	194		201
	195		202
	196		203
	197		204
	198		205
	199		206
	200		207
	201		208
	202		209
	203		210
	204		211
	205		212
	206		213
	207		214
	208		215
	209		216
	210		217
	211		218
	212		219
	213		220
	214		221
	215		222
	216		223
	217		224
	218		225
	219		226
	220		227
	221		228
	222		229
	223		230
	224		231
	225		232
	226		233
	227		234
	228		235
	229		236
	230		237
	231		238
	232		239
	233		240
	234		241
	235		242
	236		{ 243 244

Groupe 1

NUMÉROS D'ORDRE			
de l'ancienne nomenclature.		de la nouvelle nomenclature.	
CLASSIFICATION		CLASSIFICATION	
sommaire.	détaillée.	sommaire.	détaillée.
62	237	65	245
	238		246
	239		247
	240		248
	241		249
	242		250
	243		251
	244		252
	245		253
	246		254
	247		255
	248		256
	249		257
	250		258
	251		259
	252		260
	253		261
	254		262
	255		263
	256		264
	257		265
	258		266
	259		267
	260		268
	261		269
	262		270
	263		271
	264		272
			273
63	1	66	1
	2		2
	3		3
	4		4
	5		5
	6		6
	7		7
	8		8
	9		9
	10		10
	11		11
	12		12
	13		13
	14		14
	15		15
	16		16
	17		17

Groupe 2

NUMÉROS D'ORDRE			
de l'ancienne nomenclature.		de la nouvelle nomenclature.	
CLASSIFICATION		CLASSIFICATION	
sommaire.	détaillée.	sommaire.	détaillée.
63	18	66	18
	19		19
	20		20
	21		21
	22		22
	23		23
	24		24
	25		25
	26		26
	27		27
	28		28
	29		29
64	1	67	1
	2		2
	3		3
	4		4
	5		5
	6		6
	7		7
	8		»
	»		8
	9		9
	10		10
	11		11
	12		12
	13		13
	14		14
	15		15
	16		16
	17		17
	18		18
	19		19
	20		20
	21		21
	22		22
	23		23
65	1	68	1
	2		2
	3		3
	4		4
	5		5
	6		6
			7

Groupe 3

NUMÉROS D'ORDRE			
de l'ancienne nomenclature.		de la nouvelle nomenclature.	
CLASSIFICATION		CLASSIFICATION	
sommaire.	détaillée.	sommaire.	détaillée.
65	7	68	8
	8		9
	9		10
	10		11
	11		12
	12		13
	13		14
	14		15
	15		16
	16		17
	17		18
	18		19
	19		20
	20		21
	21		22
	22		23
	23		24
	24		25
	25		26
	26		27
	27		28
	28		29
	29		30
	30		31
	31		32
	32		33
	33		34
	34		35
	35		36
	36		37
	37		38
	38		39
	39		40
	40		41
	41		42
	42		43
	43		44
	44		45
	45		46
	46		47
	47		48
	48		49
	48 bis		50
	49		51
66	»	69	»

Block 1

NUMÉROS D'ORDRE			
de l'ancienne nomenclature.		de la nouvelle nomenclature.	
CLASSIFICATION		CLASSIFICATION	
sommaire.	détaillée.	sommaire.	détaillée.
	CHAPITRE III.		
67	1	70	1
	2		2
	3		3
	4		4
	5		5
	6		6
68	1 ter	71	1
	1 quat		2
	1 quin		3
	1 sext.		4
	2		5
	3		6
	4		7
	5		8
	6		9
			10
69	1	72	1
	2		2
	3		3
	4		4
70	1	73	1
	2		2
	2 bis		3
	3		4
	4		5
	5		6
	6		7
	7		8
	8		9
	9		10
	10		11
	11		12
	12		13
			14

Block 2

NUMÉROS D'ORDRE			
de l'ancienne nomenclature.		de la nouvelle nomenclature.	
CLASSIFICATION		CLASSIFICATION	
sommaire.	détaillée.	sommaire.	détaillée.
71	1	74	1
	2		2
	3		3
	4		4
	5		5
	6		6
	»		7
	7		8
	8		9
	9		10
	10		11
	11		12
	12		13
	13		14
	14		15
	15		16
	16		17
	17		18
	18		19
	19		20
	20		21
	21		22
	22		23
72	1	75	1
	2		2
	3		3
	4		4
73	1	76	1
	2		2
	3		3
	4		4
	5		5
			6
			7
74	1	77	1
	2		2
	3		3
	3 bis		4
	4		5
	5		6
	5 bis		7
	6		8

Block 3

NUMÉROS D'ORDRE			
de l'ancienne nomenclature.		de la nouvelle nomenclature.	
CLASSIFICATION		CLASSIFICATION	
sommaire.	détaillée.	sommaire.	détaillée.
74	6 bis	77	9
	7		10
	8		11
	8 bis		12
	9		13
	9 bis		14
	10		»
	11		15
	12		»
	12 bis		»
	»		16
	»		17
	»		18
	»		19
	13		20
75	1	78	1
	2		2
76	1	79	1
	2		2
	3		3
	4		4
	5		5
	6		6
	7		7
	8		8
	9		9
	10		10
	11		11
	12		12
	13		13
	14		14
	15		15
	16		16
	17		17
	18		18
	19		19
	20		20
	21		21
	22		22
	23		23
	24		24
	25		25
	26		26
	27		27

NUMÉROS D'ORDRE

de l'ancienne nomenclature — CLASSIFICATION sommaire.	détaillée.	de la nouvelle nomenclature — CLASSIFICATION sommaire.	détaillée.
76	28	79	28
	29		29
	30		30
	31		31
	32		32
	33		33
	34		34
	35		35
	36		36
	37		37
	38		38
	39		39
	40		40
	41		41
	42		42
	43		43
	44		44
	45		45
	46		46
	47		47
	48		48
	49		49
	50		50
	51		51
	52		52
	53		53
	54		54
	55		55
	56		56
	57		57
	58		58
	59		59
	60		60
	61		61
	62		62
77	1	80	1
	2		2
	3		3
	4		4
	5		5
	6		6
78	1	81	1
	2		2
	3		3
	4		4

NUMÉROS D'ORDRE

de l'ancienne nomenclature — CLASSIFICATION sommaire.	détaillée.	de la nouvelle nomenclature — CLASSIFICATION sommaire.	détaillée.
79	1	82	1
	2		2
	3		3
	4		4
	5		5
	6		6
	7		7
	8		8
	9		9
	10		10
	11		11
	12		12
	13		13
	14		14
	15		15
	16		16
	17		17
	18		18
	19		19
	20		20
	21		21
	22		22
	23		23
	24		24
80	1	83	1
	2		2
	3		3
	4		4
	5		5
	6		6
	7		7
	8		8
	9		9
	»		10
	»		11
	10		12
	11		13
	12		14
	13		15
	14		16
	15		17
	16		18
	17		19
	18		20
			21
			22

NUMÉROS D'ORDRE

de l'ancienne nomenclature — CLASSIFICATION sommaire.	détaillée.	de la nouvelle nomenclature — CLASSIFICATION sommaire.	détaillée.
80	19	83	23
	20		24
	21		25
	22		26
	23		27
	24		28
	25		29
	26		30
	27		31
	28		32
	29		33
	30		34
	31		35
	32		36
	33		37
	34		38
	35		39
			40
	36		41
	37		42
	38		43
	39		44
	40		45
	41		46
	42		47
	43		48
	44		49
	45		50
	46		51
	47		52
	48		53
	49		54
	50		55
81	1	84	1
	2		2
	3		3
	4		4
	5		5
	6		6
	7		7
	7 bis		8
	8		9
	9		»
	10		10
	11		»
	»		11
	»		12

Panneau 1

NUMÉROS D'ORDRE			
de l'ancienne nomenclature.		de la nouvelle nomenclature.	
CLASSIFICATION		CLASSIFICATION	
sommaire.	détaillée.	sommaire.	détaillée.
81	12	84	13
	13		14
	14		15
	15		»
	16		»
	17		»
	»		16
	»		17
	»		18
	»		19
	»		20
	18		21
	19		22
	»		23
	20		»
	»		24
	»		25
	»		26
	»		27
	»		28
	21		29
	22		30
	23		31
	24		32
	25		33
	26		34
	27		35
	»		36
	»		37
	28		38
	»		39
			40
			41
			42
	29		43
			44
			45
			46
			47
	30		48
	31		»
	»		49
	»		50
	»		51
	»		52
	»		53
	32		54
	33		55
	34		56

Panneau 2

NUMÉROS D'ORDRE			
de l'ancienne nomenclature.		de la nouvelle nomenclature.	
CLASSIFICATION		CLASSIFICATION	
sommaire.	détaillée.	sommaire.	détaillée.
81	»	84	57
	»		58
	35		59
	36		60
	37		61
	38		62
	39		63
	40		64
	41		65
	42		66
	43		67
	43 bis		68
	44		69
	»		70
	45		71
	46		72
	47		73
	48		74
	49		75
82	1	85	1
	2		2
	3		3
	4		4
	5		5
	6		6
	7		7
	8		8
	9		9
	10		10
	11		11
	12		12
	13		13
	14		14
	15		15
	16		16
	17		17
	18		18
	19		19
	20		20
	21		21
	22		22
	23		23
	24		24
	25		25
	26		26
	27		27

Panneau 3

NUMÉROS D'ORDRE			
de l'ancienne nomenclature.		de la nouvelle nomenclature.	
CLASSIFICATION		CLASSIFICATION	
sommaire.	détaillée.	sommaire.	détaillée.
»	»	86	1
			2
			3
			4
			5
			6
			7
			8
			9
			10
			11
			12
83	1	87	1
	2		2
	3		3
	4		4
	5		5
	6		6
	7		7
	»		8
	8		9
	9		10
	10		11
	11		12
	12		13
	13		14
	14		15
	»		16
	15		17
84	1	88	1
	2		2
	3		3
	4		4
	5		5
	6		6
	7		7
	8		8
	9		9
	10		10
	11		11
	12		12
	13		13
	14		14
	15		15
	16		16

Groupe I

NUMÉROS D'ORDRE			
de l'ancienne nomenclature.		de la nouvelle nomenclature.	
CLASSIFICATION		CLASSIFICATION	
sommaire.	détaillée.	sommaire.	détaillée.
84	17	88	17
	18		18
	19		19
	20		20
	21		21
	22		22
	23		23
	24		24
	25		25
	26		26
	27		27
	»		28
	28		29
	29		30
	30		31
	31		32
	32		33
	33		34
	34		35
	35		36
	36		37
	37		38
	38		39
	39		40
	40		41
	41		42
	42		43
	43		44
	44		45
	45		46
	46		47
	47		48
	48		49
	»		50
	49		51
	50		52
	51		53
	52		54
	53		55
	54		56
	55		57
	56		58
	57		59
	58		60
	59		61
	60		62
	61		63
	62		64
	63		65

Groupe II

NUMÉROS D'ORDRE			
de l'ancienne nomenclature.		de la nouvelle nomenclature.	
CLASSIFICATION		CLASSIFICATION	
sommaire.	détaillée.	sommaire.	détaillée.
84	64	88	66
	65		67
	66		68
	67		69
	68		70
	69		71
	70		72
	71		73
	72		74
	73		75
	74		76
	75		77
	76		78
	77		79
	78		80
	79		81
	80		82
	81		83
	82		84
	83		85
	84		86
85	1	89	1
	2		2
	3		3
	4		4
	5		5
	5 *bis*		
	6		7
	7		8
	8		9
	9		10
	10		11
	11		12
	12		13
	13		14
	14		15
	15		16
	16		17
	17		18
	18		19

CHAPITRE IV.

86	1	90	1
	2		2
	3		3

Groupe III

NUMÉROS D'ORDRE			
de l'ancienne nomenclature.		de la nouvelle nomenclature.	
CLASSIFICATION		CLASSIFICATION	
sommaire.	détaillée.	sommaire.	détaillée.
88	4	90	4
	5		5
	6		6
	7		7
	8		8
	9		9
	10		10
	11		11
	12		12
	13		13
	14		14
	15		15
	16		16
	17		17
87	1	91	1
	2		2
88	1	92	1
	2		2
	3		3
	4		4
	5		5
	6		6
	7		7
	8		8
	9		9
	10		10
	11		11
	12		12
	13		13
	14		14
	15		15
	16		16
	17		17
	18		18
	19		19
	20		20
	21		21
	22		22
	23		23
	24		24
	25		25
	26		26
	27		27
	28		28

NUMÉROS D'ORDRE				NUMÉROS D'ORDRE				NUMÉROS D'ORDRE			
de l'ancienne nomenclature.		de la nouvelle nomenclature.		de l'ancienne nomenclature.		de la nouvelle nomenclature.		de l'ancienne nomenclature.		de la nouvelle nomenclature.	
CLASSIFICATION		CLASSIFICATION		CLASSIFICATION		CLASSIFICATION		CLASSIFICATION		CLASSIFICATION	
sommaire.	détaillée.	sommaire.	détaillée.	sommaire.	détaillée.	sommaire.	détaillée.	sommaire.	détaillée.	sommaire.	détaillée.
88	29	92	29	88	78	92	78	88	127	92	127
	30		30		79		79		128		128
	31		31		80		80		129		129
	32		32		81		81		130		130
	33		33		82		82		131		131
	34		34		83		83		132		132
	35		35		84		84		133		133
	36		36		85		85		134		134
	37		37		86		86		135		135
	38		38		87		87		136		136
	39		39		88		88		137		137
	40		40		89		89		138		138
	41		41		90		90		139		139
	42		42		91		91		140		140
	43		43		92		92		141		141
	44		44		93		93		142		142
	45		45		94		94		143		143
	46		46		95		95		144		144
	47		47		96		96		145		145
	48		48		97		97		146		146
	49		49		98		98		147		147
	50		50		99		99		148		148
	51		51		100		100		149		149
	52		52		101		101		150		150
	53		53		102		102		151		151
	54		54		103		103		152		152
	55		55		104		104		153		153
	56		56		105		105		154		154
	57		57		106		106		155		155
	58		58		107		107		156		156
	59		59		108		108		157		157
	60		60		109		109		158		158
	61		61		110		110		159		159
	62		62		111		111		160		160
	63		63		112		112		161		161
	64		64		113		113		162		162
	65		65		114		114		163		163
	66		66		115		115				
	67		67		116		116				
	68		68		117		117	89	1	93	1
	69		69		118		118		2		2
	70		70		119		119		3		3
	71		71		120		120		4		4
	72		72		121		121		5		5
	73		73		122		122		6		6
	74		74		123		123		7		7
	75		75		124		124		8		8
	76		76		125		125		9		9
	77		77		126		126		10		10

Groupe 1

NUMÉROS D'ORDRE			
de l'ancienne nomenclature.		de la nouvelle nomenclature.	
CLASSIFICATION		CLASSIFICATION	
sommaire.	détaillée.	sommaire.	détaillée.
89	11	93	11
	12		12
	13		13
	14		14
	15		15
	16		16
	17		17
	18		18
	19		19
	20		20
	21		21
	22		22
	23		23
	24		24
	25		25
	26		26
	27		27
	28		28
	29		29
	30		30
	31		31
	32		32
	33		33
	34		34
	35		35
	36		36
	37		37
	38		38
	39		39
	40		40
	41		41
	42		42
	43		43
	44		44
	45		45
	46		46
	47		47
	48		48
	49		49
	50		50
	51		51
	52		52
	53		53
	54		54
	55		55
	56		56
	57		57

Groupe 2

NUMÉROS D'ORDRE			
de l'ancienne nomenclature.		de la nouvelle nomenclature.	
CLASSIFICATION		CLASSIFICATION	
sommaire.	détaillée.	sommaire.	détaillée.
89	58	93	58
	59		59
	60		60
	61		61
	62		62
	63		63
	64		64
	65		65
	66		56
	67		67
	68		68
	69		69
	70		70
	71		71
	72		72
	73		73
	74		74
90	1	94	1
	2		2
	3		3
	4		4
	5		5
	6		6
	7		7
	8		8
	9		9
	10		10
	11		11
	12		12
	13		13
	14		14
	15		15
	16		16
	17		17
	18		18
	19		19
	20		20
	»		21
	21		22
	22		23
	23		24
	24		25
	25		26
	26		27
	27		28
	28		29

Groupe 3

NUMÉROS D'ORDRE			
de l'ancienne nomenclature.		de la nouvelle nomenclature.	
CLASSIFICATION		CLASSIFICATION	
sommaire.	détaillée.	sommaire.	détaillée.
91	1	95	1
	2		2
	3		3
	4		4
	5		5
	6		6

CHAPITRE V.

sommaire.	détaillée.	sommaire.	détaillée.
92	1	96	1
	2		2
	3		3
	4		4
	5		5
	6		6
	7		7
	8		8
	9		9
	10		10
	11		11
	12		12
	13		13
	13 *bis*		14
	14		15
	15		16
	16		17
	17		18
	18		19
93	1	97	1
	2		2
	3		3
	4		4
	5		5
	6		6
	7		7
	8		8
	9		9
	10		10
	11		11
	12		12

NUMÉROS D'ORDRE

de l'ancienne nomenclature.		de la nouvelle nomenclature.	
CLASSIFICATION		CLASSIFICATION	
sommaire.	détaillée.	sommaire.	détaillée.
94	1	98	1
	2		2
	3		3
	4		4
95	1	99	1
	2		2

CHAPITRE VI.

de l'ancienne nomenclature.		de la nouvelle nomenclature.	
CLASSIFICATION		CLASSIFICATION	
sommaire.	détaillée.	sommaire.	détaillée.
96	1	100	1
	2		2
	3		3
	4		4
	5		5
	6		6
	7		7
	8		8
	9		9
	10		10
	11		11
	12		12
	13		12
	14		13
	15		14
	16		15
	17		17
	18		18
	19		19
	20		20
	21		21
	22		22
	23		23
	24		24
	25		25
	»		26
	»		27
	»		28
	»		29
	»		30
	»		31
	26		32
	27		33
	28		34
	29		35

NUMÉROS D'ORDRE

de l'ancienne nomenclature.		de la nouvelle nomenclature.	
CLASSIFICATION		CLASSIFICATION	
sommaire.	détaillée.	sommaire.	détaillée.
96	30	100	36
	31		37
	»		38
	32		39
	33		40
	34		41
	35		42
	36		43
	37		44
	38		45
	39		46
	40		47
	41		48
	42		49
	43		50
	44		51
	45		52
	46		53
	47		54
	48		55
	49		56
	50		57
	51		58
	52		59
	53		60
	54		61
	55		62
	56		63
	57		64
	58		65
	59		66
	60		67
	61		68
	62		69
	63		70
	64		71
	65		72
	66		73
	67		74
	68		75
	69		76
	70		77
	71		78
	72		79
	73		80
	74		81
	75		82
	76		83
	77		84

NUMÉROS D'ORDRE

de l'ancienne nomenclature.		de la nouvelle nomenclature.	
CLASSIFICATION		CLASSIFICATION	
sommaire.	détaillée.	sommaire.	détaillée.
96	78	100	85
	79		86
	80		87
	81		88
	82		89
	83		90
	84		91
	85		92
	86		93
	87		94
	88		95
	89		96
	90		97
	91		98
	92		99
	93		100
	94		101
	95		102
	96		103
	97		104
	98		105
	99		106
	100		107
	101		108
	102		109
	103		110
	104		111
	105		112
	106		113
	107		114
	108		115
	109		116
	110		117
	111		118
	112		119
	113		120
	114		121
	115		122
	116		123
	117		124
	118		125
	119		126
	120		127
	121		128
	122		129
	123		130
	124		131
	125		132
	126		133

NUMÉROS D'ORDRE				NUMÉROS D'ORDRE				NUMÉROS D'ORDRE			
de l'ancienne nomenclature.		de la nouvelle nomenclature.		de l'ancienne nomenclature.		de la nouvelle nomenclature.		de l'ancienne nomenclature.		de la nouvelle nomenclature.	
CLASSIFICATION		CLASSIFICATION		CLASSIFICATION		CLASSIFICATION		CLASSIFICATION		CLASSIFICATION	
sommaire.	détaillée.	sommaire.	détaillée.	sommaire.	détaillée.	sommaire.	détaillée.	sommaire.	détaillée.	sommaire.	détaillée.
96	127	100	134	96	175	100	183	96	224	100	232
	128		135		176		184		225		233
	129		136		177		185		226		234
	130		137		178		186		227		235
	131		138		179		187		228		236
	132		139		180		188		229		237
	133		140		181		189		230		238
	134		141		182		190		231		239
	135		142		183		191		232		240
	136		143		184		192		233		241
	137		144		185		193		234		242
	137 bis		145		186		194		235		243
	138		146		187		195		236		244
	139		147		188		196		237		245
	140		148		189		197		238		246
	141		149		190		198		239		247
	142		150		191		199		240		248
	143		151		192		200		241		249
	144		152		193		201		242		250
	145		153		194		202		243		251
	146		154		195		203		244		252
	147		155		196		204		245		253
	148		156		197		205		246		254
	149		157		198		206		247		255
	150		158		199		207		248		256
	151		159		200		208		249		257
	152		160		201		209		250		258
	153		161		202		210		251		259
	154		162		203		211		252		260
	155		163		204		212		252 bis		261
	156		164		205		213		253		262
	157		165		206		214		254		263
	158		166		207		215		254 bis		264
	159		167		208		216		255		265
	160		168		209		217		256		266
	161		169		210		218		257		267
	162		170		211		219		257 bis		268
	163		171		212		220		258		269
	164		172		213		221		259		270
	165		173		214		222		260		271
	166		174		215		223		261		272
	167		175		216		224		262		273
	168		176		217		225		263		274
	169		177		218		226		264		275
	170		178		219		227		265		276
	171		179		220		228		266		277
	172		180		221		229		267		278
	173		181		222		230		268		279
	174		182		223		231		269		280

NUMÉROS D'ORDRE				NUMÉROS D'ORDRE				NUMÉROS D'ORDRE			
de l'ancienne nomenclature.		de la nouvelle nomenclature.		de l'ancienne nomenclature.		de la nouvelle nomenclature.		de l'ancienne nomenclature.		de la nouvelle nomenclature.	
CLASSIFICATION		CLASSIFICATION		CLASSIFICATION		CLASSIFICATION		CLASSIFICATION		CLASSIFICATION	
som-maire.	dé-taillée.	som-maire.	dé-taillée.	som-maire.	dé-taillée.	som-maire.	dé-taillée.	som-maire.	dé-taillée.	som-maire.	dé-taillée.
96	270	100	281	96	317	100	330	96	365	100	379
	270 *bis*		282		318		331		366		380
	271		283		318 *bis*		332		367		381
	272		284		319		333		368		382
	273		285		320		334		369		383
	274		286		321		335		370		384
	275		287		322		336		371		385
	276		288		323		337		372		386
	277		289		324		338		373		387
	278		290		325		339		374		388
	279		291		326		340		375		389
	280		292		327		341		375 *bis*		390
	281		293		328		342		376		391
	282		294		329		343		377		392
	283		295		330		344		378		393
	284		296		331		345		379		394
	285		297		332		346		380		395
	286		298		333		347		381		396
	287		299		334		348		382		397
	288		300		335		349		383		398
	289		301		336		350		384		399
	290		302		337		351		385		400
	291		303		338		352		386		401
	292		304		339		353		387		402
	293		305		340		354		388		403
	294		306		341		355		389		404
	295		307		342		356		390		405
	296		308		343		357		391		406
	297		309		344		358		392		407
	298		310		345		359		393		408
	299		311		346		360		394		409
	300		312		347		361		395		410
	301		313		348		362		396		411
	302		314		349		363		397		412
	303		315		350		364		398		413
	304		316		351		365		399		414
	305		317		352		366		400		415
	306		318		353		367		401		416
	307		319		354		368		402		417
	308		320		355		369		403		418
	309		321		356		370		404		419
	310		322		357		371		405		420
	311		323		358		372		406		421
	311 *bis*		324		359		373		407		422
	312		325		360		374		408		423
	313		326		361		375		409		424
	314		327		362		376		410		425
	315		328		363		377		411		426
	316		329		364		378		412		427

NUMÉROS D'ORDRE				NUMÉROS D'ORDRE				NUMÉROS D'ORDRE			
de l'ancienne nomenclature.		de la nouvelle nomenclature.		de l'ancienne nomenclature.		de la nouvelle nomenclature.		de l'ancienne nomenclature.		de la nouvelle nomenclature.	
CLASSIFICATION		CLASSIFICATION		CLASSIFICATION		CLASSIFICATION		CLASSIFICATION		CLASSIFICATION	
sommaire.	détaillée.	sommaire.	détaillée.	sommaire.	détaillée.	sommaire.	détaillée.	sommaire.	détaillée.	sommaire.	détaillée.
96	413	100	428	96	462	100	477	96	509	100	526
	414		429		462 *bis*		478		510		527
	415		430		462 *ter*		479		511		528
	416		431		463		480		512		529
	417		432		464		481		513		530
	418		433		465		482		514		531
	419		434		466		483		515		532
	420		435		467		484		516		533
	421		436		468		485		517		534
	422		437		469		486		518		535
	423		438		470		487		519		536
	424		439		471		488		520		537
	425		440		472		489		521		538
	426		441		473		490		522		539
	427		442		474		491		523		540
	428		443		475		492		524		541
	429		444		476		493		525		542
	430		445		477		494		526		543
	431		446		478		495		527		544
	432		447		479		496		528		545
	433		448		480		497		529		546
	434		449		481		498		530		547
	435		450		482		499		531		548
	436		451		483		500		532		549
	437		452		484		501		533		550
	438		453		485		502		534		551
	439		454		486		503		535		552
	440		455		487		504		536		553
	441		456		488		505		537		554
	442		457		489		506		538		555
	443		458		490		507		539		556
	444		459		491		508		540		557
	445		460		492		509		541		558
	446		461		493		510		542		559
	447		462		494		511		543		560
	448		463		495		512		544		561
	449		464		496		513		545		562
	450		465		497		514		546		563
	451		466		498		515		547		564
	452		467		499		516		548		565
	453		468		500		517		549		566
	454		469		501		518		550		567
	455		470		502		519		551		568
	456		471		503		520		552		569
	457		472		504		521		553		570
	458		473		505		522		554		571
	459		474		506		523		555		572
	460		475		507		524		556		573
	461		476		508		525		557		574

NUMÉROS D'ORDRE

de l'ancienne nomenclature.		de la nouvelle nomenclature.	
CLASSIFICATION		CLASSIFICATION	
sommaire.	détaillée.	sommaire.	détaillée.
96	558	100	575
	559		576
	560		577
	561		578
	562		579
	563		580
	564		581
	565		582
	566		583
	567		584
	568		585
	569		586
	570		587
	571		588
	572		589
	573		590
	574		591
	575		592
	576		593
	577		594
	578		595
	579		596
	580		597
	581		598
	582		599
	583		600
	584		601
	585		602
	586		603
	587		604
	588		605
	589		606
	590		607
	591		608
	592		609
	593		610
	594		611
	595		612
	596		613
	597		614
	598		615
	599		616
	600		617
	601		618
	602		619
	603		620
	604		621
	605		622
	606		623
	607		624

NUMÉROS D'ORDRE

de l'ancienne nomenclature.		de la nouvelle nomenclature.	
CLASSIFICATION		CLASSIFICATION	
sommaire.	détaillée.	sommaire.	détaillée.
96	608	100	625
	609		626
	610		627
	611		628
	612		629
	613		630
	614		631
	615		632
	616		633
	617		634
	618		635
	619		636
	620		637
	621		638
	622		639
	623		640
	624		641
	625		642
	626		643
	627		644
	628		645
	629		646
	630		647
	631		648
	632		649
	633		650
	634		651
	635		652
	636		653
	637		654
	638		655
	639		656
	640		657
	641		658
	642		659
	643		660
	644		661
	645		662
	646		663
	647		664
	648		665
	649		666
	650		667
	651		668
	652		669
	653		670
	654		671
	655		672
	656		673
	657		674

NUMÉROS D'ORDRE

de l'ancienne nomenclature.		de la nouvelle nomenclature.	
CLASSIFICATION		CLASSIFICATION	
sommaire.	détaillée.	sommaire.	détaillée.
96	658	100	675
	659		676
	660		677
	661		678
	662		679
	663		680
	664		681
	665		682
	666		683
	667		684
	668		685
	669		686
	670		687
	671		688
	672		689
	673		690
	674		691
	675		692
	676		693
	677		694
	678		695
	679		696
	680		697
	681		698
	682		699
	683		700
	684		701
	685		702
	686		703
	687		704
	688		705
	689		706
	690		707
	691		708
	692		709
	693		710
	694		711
	695		712
	696		713
	697		714
	698		715
	699		716
	700		717
	701		718

CHAPITRE VII.

sommaire.	détaillée.	sommaire.	détaillée.
97	1	101	1
	2		2
	3		3

NUMÉROS D'ORDRE

de l'ancienne nomenclature		de la nouvelle nomenclature	
CLASSIFICATION		CLASSIFICATION	
sommaire.	détaillée.	sommaire.	détaillée.
97	4	101	4
	5		5
	6		6
	7		7
	8		8
	9		9
	10		10
	11		11
	12		12
	13		13
	14		14
	15		15
	16		16
	17		17
	18		18
	19		19
	20		20
	21		21
	22		22
	23		23
	24		24
	25		25
	26		26
	27		27
	28		28
	29		29
	30		30
	31		31
	32		32
	33		33
	34		34
	35		35
	36		36
	37		37
	38		38
	39		39
	40		40
	41		41
	42		42
	43		43
	44		44
98	1	102	1
	2		2
	3		3
	4		4
	5		5
	6		6
	7		7

NUMÉROS D'ORDRE

de l'ancienne nomenclature		de la nouvelle nomenclature	
CLASSIFICATION		CLASSIFICATION	
sommaire.	détaillée.	sommaire.	détaillée.
98	8	102	8
	9		9
	10		10
	11		11
	12		12
	13		13
	14		14
	15		15
	16		16
	17		17
	18		18
	19		19
	20		20
	21		21
	22		22
	23		23
	24		24
	25		25
	26		26
	27		27
	28		28
	29		29
	30		30
	31		31
	32		32
	33		33
	34		34
	35		35
	36		36
	37		37
	38		38
	39		39
	40		40
	41		41
	42		42
	43		43
	44		44
	45		45
	46		46
	47		47
	48		48
	49		49
	50		50
	51		51
	52		52
	53		53
	54		54
	55		55
	56		»
	57		56

NUMÉROS D'ORDRE

de l'ancienne nomenclature		de la nouvelle nomenclature	
CLASSIFICATION		CLASSIFICATION	
sommaire.	détaillée.	sommaire.	détaillée.
98	58	102	57
	59		58
	60		59
	61		60
	62		61
	62 *bis*		62
	63		63
	64		64
	65		65
	66		66
	67		67
	68		68
	69		69
	70		70
	71		71
	72		72
	73		73
	74		74
	75		75
	76		76
	77		77
	77 *bis*		78
	78		79
	79		80
	80		81
	81		82
	82		83
	83		84
	84		85
	85		86
	86		87
	87		88
	88		89
	89		90
	90		91
	91		92
	92		93
	93		94
	94		95
	95		96
	96		97
	97		98
	98		99
	99		100
	100		101
	101		102
	102		103
	103		104
	104		105
	105		106

NUMÉROS D'ORDRE

de l'ancienne nomenclature.		de la nouvelle nomenclature.	
CLASSIFICATION		CLASSIFICATION	
sommaire.	détaillée.	sommaire.	détaillée.
98	106	102	107
	107		108
	108		109
	109		110
	110		111
	111		112
	112		113
	113		114
	114		115
	115		116
	116		117
	117		118
	118		119
	119		120
	120		121
	121		122
	122		123
99	1	103	1
	2		2
	3		3
	4		4
	5		5
	6		6
	7		7
	8		8
	9		9
	10		10
	11		11
	12		12
100	1	104	1
	2		2
	3		3
	4		4
	5		5
	6		6
	7		7
101	1	105	1
	2		2
102	1	106	1
	2		2
	3		3

NUMÉROS D'ORDRE

de l'ancienne nomenclature.		de la nouvelle nomenclature.	
CLASSIFICATION		CLASSIFICATION	
sommaire.	détaillée.	sommaire.	détaillée.

CHAPITRE VIII.

de l'ancienne nomenclature.		de la nouvelle nomenclature.	
sommaire.	détaillée.	sommaire.	détaillée.
103	1	107	1
	2		2
	3		3
	4		4
104	1	108	1
	2		2
	3		3
	4		4
	5		5
	6		6
	7		7
	8		8
	9		9
	10		10
	11		11
	12		12
	13		13
	14		14
	15		15
	16		16
	17		17
	18		18
	19		19
	20		20
	21		21
	22		22
	23		23
	24		24
	25		25
	26		26
	27		27
	28		28
	29		29
	30		30
	31		31
	32		32
	33		33
	34		34
	35		35

NUMÉROS D'ORDRE

de l'ancienne nomenclature.		de la nouvelle nomenclature.	
CLASSIFICATION		CLASSIFICATION	
sommaire.	détaillée.	sommaire.	détaillée.
104	36	108	36
	37		37
	38		38
	39		39
	40		40
	41		41
	42		42
	43		43
	44		44
	45		45
	46		46
	47		47
	48		48
	49		49
	50		50
	51		51
	52		52
	53		53
	54		54
	55		55
	56		56
	57		57
	58		58
	59		59
	60		60
	61		61
	62		62
	63		63
	64		64
	65		65
	66		66
	67		67
	68		68
	69		69
	70		70
	71		71
	72		72
	73		73
	74		74
	75		75
	76		76
	77		77
	78		78
	79		79
	80		80
	81		81
	82		82

NUMÉROS D'ORDRE				NUMÉROS D'ORDRE				NUMÉROS D'ORDRE			
de l'ancienne nomenclature.		de la nouvelle nomenclature.		de l'ancienne nomenclature.		de la nouvelle nomenclature.		de l'ancienne nomenclature.		de la nouvelle nomenclature.	
CLASSIFICATION		CLASSIFICATION		CLASSIFICATION		CLASSIFICATION		CLASSIFICATION		CLASSIFICATION	
sommaire.	détaillée.	sommaire.	détaillée.	sommaire.	détaillée.	sommaire.	détaillée.	sommaire.	détaillée.	sommaire.	détaillée.
104	83	108	83	104	103	108	103	105	15	109	15
	84		84		104		104		16		16
	85		85		105		105		17		17
	86		86		106		106		18		18
	87		87						19		19
	88		88						20		20
	89		89	105	1	109	1		21		21
	90		90		2		2		22		22
	91		91		3		3		23		23
	92		92		4		4		24		24
	93		93		5		5		25		25
	94		94		6		6		26		26
	95		95		7		7		27		27
	96		96		8		8		28		28
	97		97		9		9		29		29
	98		98		10		10		30		30
	99		99		11		11		31		31
	100		100		12		12		32		32
	101		101		13		13		33		33
	102		102		14		14				

TABLE DES MATIÈRES

PAR CHAPITRES ET PARAGRAPHES.

ANNEXES

ANNÉE 1894. N° 24.

TABLE DES MATIÈRES

PAR OBJETS COMPRIS A LA NOMENCLATURE.

G.

O.

	NUMEROS		Pages.
	sommaires.	détaillés.	
Objets mobiliers, appareils et outils (chapitre VI)	100	»	170
— isolés (extincteurs)	100	34-36	172
— — (pompes)	100	43-46	172
— divers pour réparations (au nombre)	101	24-44	219-221
— — — (au poids)	102	100-122	227-229
— — — (au mètre)	103	8-11	229
Ocre de couleurs variables	102	77	226
Oculaire micrométrique	100	103	176
Œillet en cuivre pour tenon de plaque (shako ou casquette)	51	134	61
— pour casque (bande de pelleterie)	51	41	54
— — (jugulaire)	51	42	54
— métallique (bouclerie pour réparations)	101	17	219
Oléorésine de térébenthine	102	78	226
Olives pour plumet	53	7	62
— en bois (réparations)	101	34	220
Ordonnances (volumes)	100	660	214
Oreillons (réparations)	101	18-20	219
Ornements divers	35	»	36-40
Outils de campement	92	70-89	152-153
— et ustensiles pour ateliers	100	231-530	186-204
— pour ferblantier	100	414	197
Ouvrages divers (volumes)	100	661	214

P.

	NUMEROS		Pages.
	sommaires.	détaillés.	
Paillassons divers	90	15	147
Paille	97	6	169
Palan à hélice avec sa chaîne	100	664	214
Paletots de molleton à l'usage des troupes de la marine	21	»	22
Palette	100	415	197
Paniers d'emballage	96	12	168
— à charbon	100	183-184	181
— en fil de fer de la marmite Bernard	100	645	213
Pantalons d'ordonnance	22	1-23	22-24
— de cheval	22	24-35	24-25
— culotte pour tirailleur méhariste	22	36	25
— de travail	22	37-42	25
— de toile divers	100	665	214
Papiers d'emballage	97	7-10	169
— pour analyses chimiques	100	666	214
— émeri et de verre (feuille)	101	35	220
— goudronné	102	119	228
Paquet de cordeau (tente-baraque)	92	148	158
— de cordelette (tente-baraque)	92	149	158
Partie de casque en fer-blanc	51	43	54
— — du milieu	51	44	54
Passant en cuir pour shako ou casquette	51	135	61
— de giberne	83	30	124
Passant de marmite et de bidon	101	21-22	219
Passe-carreaux	100	416	197
Passe-lacet de casque	51	45	54
Passementerie	36	»	41-43

X.

Z.

Paris, le 18 juin 1894.

Collationné : HERBINET.   Certifié : F. PRIEUR.

Paris et Limoges. — Imprimerie militaire Henri CHARLES-LAVAUZELLE.